DAS
VERRÜCKTE
FÜNFZEHNTE JAHR

Montiert
in Briefen

Sorgfältig abgeschrieben und überreicht
an Julia
als Geburtstagsgeschenk zum Fünfzehnten

von
Dieter Pflanz

Ohne Namen - kein Absender

Fräulein
Julia Bonnemeier
KINDERKLINIK AUF DER BULT/ Station 16
Janusz-Korczak-Allee 12

30173 Hannover

22.Oktober

Liebe Julia,

wenn Du mich auch nicht mehr kennst, hätte ich Dich doch letzten Montag fast besucht. Hatte mich schon von meinem Hund verabschiedet, der sonst gewöhnt ist, nachmittags lange ausgeführt zu werden - war mit ihm nur kurz auf die Ödenegge gegangen: "Komm, mach schnell, muß weg!" Schnell sollte er machen bei dem, was Hunde so alles machen müssen: an Ecken riechen, Böschungen auf Mäuse inspizieren, pinkeln. Und als ich dann hastig nach Hause zurückkam, lag da ein Zettel: HANNOVER GEHT HEUTE NICHT! ANDER MAL!

Den Telefonanruf hatte meine Frau angenommen, während ich mit dem Hund unterwegs war. Er kam von der Frau Krämer. Sie war es auch gewesen, die gefragt hatte, ob ich nicht mit nach Hannover fahren wolle, die Julia besuchen.

Julia -? Die kennt mich nicht, ich kenn sie nicht. Oder kaum. Was sollen sich Typen besuchen, die sich kaum kennen? Gibt nur verlegenes Schweigen, wenigstens unter Menschen. Tiere sind da klüger, z.B. Hunde: fangen an zu schnuppern - laufen danach weg oder lecken oder springen auf den Schoß. Oder beißen.

Das ging mir so durch den Kopf, als die Frau Krämer am Telefon fragte. So meine Gefühlslage. Und dann schoß's durchs Gehirn, daß ich die Julia eigentlich doch ganz gut kenne. So'n bißchen gut wenigstens.

Einmal ist es ein schöner Name - find ich wenigstens. Einer der schönsten Mädchen-, Frauennamen. Mein Vorurteil, literarisches: Romeo und Julia. Eine der schönsten Mädchengestalten der Literatur, die je geschaffen worden ist! Is' so. Julia: literarischer Typ, der was mit Kindheit, Jugend, Liebe, Erwachsenwerden, Leben zu tun hat.

Gut, prima. Beim Namen Julia sieht man hin! Alles literarische Vorurteile -. Man kennt ja Julia, seit langem, und sieht bei tatsächlichen Julias hin, ob sie dem entsprechen, was man sich unter 'Julia' vorgestellt hat.

Meistens schlimme Enttäuschung -. Frauen wird es wahrscheinlich genauso gehen, wenn sie auf einen 'Alexander'(den Großen) treffen, der ein bißchen arg mickrig geraten ist. Oder einen Liebhaber-Namenstyp (wobei mir im Moment kein literarischer einfällt. Höchstens der Tom (Sawyer), der später eigentlich ein brauchbarer hätte geworden sein können. Oder der Clark, Gable, der alte, aus dem Film, als Red Butler in VOM WINDE VERWEHT).

Meistens ganz schlimme Enttäuschung - bei Dir aber nicht. Als ich Dich zum ersten Mal sah, hab ich gedacht: Mensch, die paßt! Endlich mal 'ne Typin, die zu 'Julia' paßt!

Echt wahr. Am Nachmittag im letzten Dezember, bei der literarischen Preisverleihung in der Jugendkunstschule.

Und dann hörte ich noch zu, wie der Bonnemeier-Typ mit dem andren Bonnemeier-Typ sprach, der Cousine: Sie mache sich wieder klein - "ach, ich kleineskleines braves Kind". - Echt gut: ironisch, spöttisch, mit Humor. Und lieb! Mit Kopf! Richtig schön souverain -.

4

Wenn man selbst so'n komisches Hirn hat, achtet man bei anderen auf solche Sätze.

Doch irgendwie hattest Du auch vorher schon Eindruck auf mich gemacht - literarischen. Als ich noch gar nicht wußte, daß sich hinterm Text 'ne Julia verbarg. Bekannt war nur '13 Jahre' - doch daß es ein She-Typ war, wurde aus den Wörtern klar.

Ich meine Dein Froschgedicht. Hat mir richtig gut gefallen. Ich fand diesen Text - und den der Kleinen vom Kinderarzt, den mit den Mathe-Monstern - am besten. Meiner Ansicht nach waren das die reifsten Texte: weil sie von den eigenen Gefühlen handelten. So was heißt für mich wirkliches Schreiben: sich schreibend zu bewegen in der Welt eigener Gefühle, die ja oft sehr verwirrend, bedrückend sein können. - Die anderen Texte waren fast alle angelesenes Zeugs: Leben aus zweiter Hand. Nicht schlecht, nicht gut - nur wenig.

Leider bin ich mit meinem persönlichen Urteil bei der Jury nicht durchgedrungen. Na ja -.

Du weißt immer noch nicht, wer ich bin? Prima. - Doch Dein Text hatte mir gefallen, besonders die ironische Volte zum Schluß: das Neben-sich-Treten, Sich-selbst-Zusehen. In den eigenen Gefühlen. Das hatte Witz, Souverainität.

Gut, also. Also: Weil Du schon all die lange Zeit dollen Eindruck auf mich gemacht hattest, deshalb habe ich gleich zugesagt, als die Frau Krämer mich am Telefon fragte. Weißt Du jetzt, wer ich bin? Befehl zum Computer: ^KR HE: Dieter Pflanz (HE steht für 'head', Überschrift/Absender).

Will man Dich mal besuchen - und dann darf man nicht! Irgendwie frustrierend. AUF DER BULT scheint ein richtiges Dornröschenschloß zu sein.

Also, Prinzessin - Julia in den Dornen! She-Souverain, She-Spötter. Fühl Dich da gut in den Dornen, genieß die Zeit jenseits von Schule und anderen festgenagelten Rahmen! Kinderrahmen...Mädchenrahmen...Bilderrahmen...

Wenn ich mich richtig erinnere, war das in dem Alter damals wichtig, sich ab und zu mal in Dornenhecken zu verschanzen.

Und sei nicht zu streng mit Dir selbst, Souverain! Sich selbst muß man oder frau irgendwie immer ein bißchen lieb haben -. Natürlich mit Lächeln: mit etwas Spott, Ironie, viel Humor. - Das gehört wohl zu den guten Kochrezepten des gar nicht so schrecklichen Großwerdens. Julia in den Dornen!

Herzliche Grüße
Dein
Dieter Pflanz

* * *

Auf dem Briefumschlag, Absender: Dornröschen, Schloß 'In den Dornen'

25. Oktober

Lieber Herr Pflanz!

Als ich Ihren Brief erhielt, war ich natürlich zuerst recht verdutzt, wollte mir aber nicht die Spannung verderben, indem ich auf den letzten Teil des Briefes nach dem Absender geschaut hätte. Aber je mehr ich las, desto höher stieg meine Spannung. - Endlich 'mal jemand, der nicht so'n blöden, langweiligen Kram schreibt - wie Hallo, wie geht's, ich hoffe, Dir ist schon viel besser... -, sondern 'mal 'n anderes Thema anschneidet.

Als ich dann weiterlas und zum Wettbewerb kam, schlich sich so eine vage Vermutung in meinen Hinterkopf. Aber gucken, ob's auch stimmte, nein, das wollte ich nicht. Auch brachte mich der Brief etwas in Verlegenheit. Noch niemand hat solche angenehm netten Sachen über mich an mich geschrieben, kaum jemand gesagt. Und der/die jenige, der/die mich zuerst kaum zu kennen glaubt(e), schreibt gleich so viel. Und dann, nachdem ich den Namen des Absenders las (die Vermutung von mir war richtig gewesen), war ich trotzdem recht 'baff'. Warum? Weil, ich habe in letzter Zeit ziemlich oft an Sie gedacht; warum, weiß ich nicht, ehrlich. Vielleicht war das so'ne Art Telepartie (ich hoffe, es ist richtig geschrieben), wer weiß?

Die Idee, mich in 'Dornröschens' Haut zu stecken, fand ich ganz prima, auch gut überlegt. Verzaubert, von irgendeiner Krankheit, liege ich hier im 'Dornröschenschloß' und warte, bis ich erlöst werde. Erlöst, von wem? Von der Krankheit, vom 'Besuchsverbot' oder vom Leben? - Streichen wir das 'Erlöst'. - Sagen wir lieber, bis die Dornen sich öffnen. - Nur das mit dem Wachküssen ist nicht so toll. Da muß ich mich überraschen lassen, wer der Märchenprinz ist...

Im Moment fühle ich mich aber auch noch gar nicht wie Dornröschen, bestimmt erst, wenn ich mich richtig eingelebt habe, bis die 'Spindel' aus meinem Finger gezogen ist. - Im Moment bin ich eher Rapunzel im Turm. Keiner kann rein, keiner raus. Nur durch meine Hilfe kann ich die böse Hexe überwinden, indem ich einen guten Prinz an meinen Haaren zu mir steigen lasse, damit er helfen kann. Der Prinz, das Leben, das Gute, das Heilmittel hängt an meinen Haaren, dem 'seidenen Faden'. Schneidet die Hexe die Haare (Faden) ab, dann... Bleiben wir beim Dornröschen. Gefällt mir besser, und da leiden meine Haare nicht dran!

Und nun 'mal zu Ihnen. Ich werde nun auch 'mal versuchen zu äußern, welchen Eindruck Sie auf mich gemacht haben/ machen. Zum Kennenlernen ist das ganz nützlich, finde ich, denn das trauen sich die meisten heute gar nicht, fürchten sich, etwas falsch auszudrücken, Sie schrieben selbst: sind verlegen usw. Gut. Ich bin kein Autor, denke nicht so intensiv über jeden

Satz nach, wie Sie (in diesem Brief denke ich gar nicht erst, alles, was in mir ist, sprudelt aufs Papier, ungefiltert, unverfälscht, deshalb werde ich ja auch nicht noch einmal abschreiben, was nun schon da steht, damit nichts verfälscht wird), aber vielleicht ist das gerade gut, für Sie, in meinem Brief mehr über mich kennenzulernen. Ich versuch's einfach 'mal: Dieter, der Name sagt mir nicht viel ('nen Mädchen in meiner Klasse heißt so!), ich kann mir nicht viel darunter vorstellen. Der Name, fand und finde ich, erscheint, im Gegensatz zu einem Alexander (aus Ihrem Beispiel), der mit allem Pomp auf dem Blatt Papier der Mittelpunkt zu sein wünscht (so als Schwerpunkt des Satzes), eher zurückhaltend, im Hintergrund bleiben wollend, nicht mit auffälligen Verzierungen usw. Als ich Sie dann sah, paßte das auch. Ich finde, Auffälliges das haben Sie nicht an Ihrem Äußeren, im Gegenteil. Nachdem ich Sie das erste Mal gesehen hatte, konnte ich mich, nach ein paar Tagen, kaum noch erinnern, wie Sie aussahen, weil es nichts 'Außergewöhnliches' gab. Keine Warze, keine unnormale Kleidung usw. Aber man hat gleich gemerkt, daß Sie viel nachdenken. Vielleicht gelingt es Ihnen deswegen so gut, über Leute so genau und natürlich zu schreiben, weil keiner merkt, daß Sie auf jeden Satz, jede Geste achten, Sie die Leute vielleicht kaum bemerken. Das paßt noch genauer, denn alles, was ich bis jetzt von Ihnen gelesen habe, ist frei, natürlich, genau beobachtet. Ob es nun die Kraniche über der Weser, die Jungs beim Fischen (den Namen der Geschichte weiß ich nicht mehr) oder Micha mit seinen Problemen 'im Essen zu pantschen' ist. Das finde ich so fesselnd an Ihren Geschichten, Büchern; und 'eigene Gefühle', die merkt man doch auch deutlich. So, nun habe ich auch was über Sie dazugelernt, Sie kennengelernt, und das haben Sie mir beigebracht! Ohne viele Worte. Und viel Freude haben Sie mir gemacht, mit dem ganzen Brief, der nettste übrigens, den ich in dem ganzen Krankenhausaufenthalt bekommen hatte! So wie

8

Sie mich zum Dornröschen gemacht haben, will ich Sie nun auch mit ins Märchen einbauen. Sie - ein Lehrmeister, ein Magier und Bote, der mir Mut macht durchzuhalten, mir klarmacht, daß Märchen gut enden? Mut macht zu leben? - Haben Sie nämlich! Ganz unbewußt. Mit der 'Dornröschenfantasie' Mut und etwas Glück gebracht. Das braucht man auch, in diesen Dornen, denn Dornen stechen auch oft, tun weh. Da braucht man auch Fantasie, Fantasie, um über die Dornen hinwegschauen zu können. Danke dafür! Ja! Sie sind die maskuline Form der 'guten Fee', die aus dem ewigen einen Hundertjährigen Schlaf gemacht hat, oder so...?!? Das könnte besser hinhauen. So kriegen wir noch die Personen zusammen!

So, fürs Erste, tschüß! Vielleicht schreibe ich noch 'mal. Und achten Sie bitte nicht so auf die Fehler!

Ihre Julia

PS: Als Mädchenname ist Dieta das genaue Gegenteil! Das springt ins Auge, stimmt's?

* * *

27.Oktober

Liebe Julia,

jetzt weiß ich gar nicht mehr, ob ich Dich noch duzen darf und ob oben in der Anrede nicht schon Frau geschrieben werden muß -. Dein Brief heute hat mich richtig verblüfft. So einen schönen Brief haben ich schon ewig nicht mehr bekommen - wenn überhaupt je.

Du hast mich heute aus dem Konzept gebracht. Ich bin grade mitten in einem Roman, schon auf Seite 240, einer Liebesgeschichte - hatte heute morgen gerade die geschriebenen Seiten vom Vortag korrigiert, dann kam die Post: ich las Deinen Brief und konnte nicht weiterschreiben. Merkte ständig, daß Du Dich mir ins Gehirn schobst, obwohl ich mich eigentlich mit der anderen Frau beschäftigen mußte, der Heldin. Ich schreib das Buch von der Frau aus: Liebe aus der Sicht der Frau, den Empfindungen der Frau heraus - ziemlich schwierig für einen Mann. So ganz genau weiß man ja doch nicht, wie eine Frau fühlt und denkt - wie umgekehrt frau nicht so ganz genau weiß, was Mann fühlt und denkt. Heute morgen ging's zweigleisig: unentwegt ertappte ich mich dabei, wie ich - während ich in die Gedanken, Gefühle der Frau 'kroch' - schon überlegte, was ich Dir alles schreiben könnte.

Doch im Moment laß ich mich bei dem Manuskript irgendwie gerne ablenken - bin an einer schwierigen Stelle, nähere mich jetzt dem Ende und muß sehr vorsichtig und aufmerksam vorgehen, damit das Buch nachher auch 'stimmt'. Irgendwie weiß oder ahn ich das und laß mich dann von Juliafrauen gerne ablenken -.

Ich habe heute morgen aber doch noch meine Seite geschafft (nicht daß Du Schuldgefühle entwickelst - es gibt Leute, die sind richtig geil auf Schuldgefühle. So'n Typ scheinst Du zwar nicht zu sein, aber gut kennen wir uns ja doch noch nicht). - Ist, glaube ich, ein schönes Buch, an dem ich da seit Anfang Mai schreibe. Eine doppelte 'Bruchkanten'-Begegnung: eine Frau Ende Dreißig begegnet einem Jungen von Sechzehn. Ende Dreißig die 'Bruchkante' zum beginnenden Alter hin, Sechzehn etwa die sehr schwierige 'Bruchkante' zum Erwachsenenleben hin. Das ganze spielt in der Wildnis, oben in Karelien (in Ostfinnland, in der Nähe der russischen Grenze). Eine ironische Liebesgeschichte, aber mit allem Drumunddran: sie bringt die beiden Helden auf gegenläufige Bahnen - läßt den Jungen erwachsen, die Frau wieder jung werden und so neue, 'junge' Perspektiven für ihr Leben entwickeln.

Na ja - ich will Dich mit meinem Zeugs nicht langweilen. Wer weiß, ob das Manuskript überhaupt was taugt. Doch das Schreiben hat mir auf jeden Fall viel gegeben. Hervorragender Sommer dieser Sommer!: dieses herrliche Sommerwetter, vormittags am Buch schreiben, mit allen Fasern des Gehirns oben in Karelien sein, bei diesem tollen Jungen, dieser tollen Frau - und nachmittags mit dem Hund hinten im Lipp'schen rumlaufen! Was will der Mensch mehr? Man muß ja immer bemüht sein, dran arbeiten, sich gut zu fühlen. Gehört wohl zur Lebens- oder Seelenhygiene. - Karelien hatte mir letztes Jahr sehr gut gefallen. Wir waren, der Sohn und ich, im September da mit dem Kanu unterwegs. Sehr zu empfehlen! Wenn man weite Natur und Einsamkeit mag.

Jetzt zu Dir, Souverain! Dein Brief hat mir irgendwie gut getan. Das war ja der Brief eines richtig erwachsenen She-Typs - hat meiner Eitelkeit gestreichelt: denn genau so hatte ich Dich eingeschätzt (ob Du's glaubst oder nicht).

Bei meinem letzten Brief hatte ich ziemlichen Zweifel: weil <u>man</u> einen solchen Brief ja eigentlich nicht schreibt. Ungehörig, Regeln des guten Geschmacks verletzend. Doch ich wollte ihn so schreiben, wie ich ihn geschrieben habe - nur war ich mir hinterher nicht sicher, ob Du da drauf nicht mokiert einschnappen würdest.

Du bist nicht eingeschnappt - meine ergebendste Verbeugung! Ganz große Schwierigkeiten im letzten Brief hatte mir, beim Korrekturlesen, das Wörtchen 'souverain' gemacht. Das war mir ein paarmal beim Schreiben rausgerutscht. "Verdammt, das kannst du doch einer Vierzehnjährigen nicht schreiben!" habe ich beim nachträglichen Lesen minutenlang mit mir geschimpft.

"Verdammt, warum nicht? Die ist alt genug, soll sie doch jemanden fragen, wenn sie das Wort nicht versteht, oder im Lexikon nachschlagen. Das ist das Wort, das ich mit ihr verbinde!"

So ging das minutenlang - und ich hab's dann stehen lassen. 'Souverain' ist wirklich das Wort, das ich mit Dir verbinde. Ganz seltsam, ich kann's nicht erklären, doch auf der Gefühlsebene gehört's irgendwie zu Dir. Und da ich Gefühle für sehr wichtig halte - nicht allein, so wild wuchernd, aber in Zusammenarbeit mit dem Kopf und mit Lächeln -, hab ich das Wort nun mal rausgelassen. Lächelnd: für den She-Spötter, unter anderem.

Noch 'ne Geschichte über 'souverain' (das aber eigentlich souverän geschrieben wird - hab's nachträglich im Duden nachgeschlagen. Will's aber doch in der französischen Form stehen lassen: klingt so schön adelig Königlich -.)

Vor einem halben Jahr, im Mai, habe ich einer jungen Dame von Dir geschrieben - und schon damals habe ich Dich mit dem Wörtchen 'souverain' in Verbindung gebracht. Das muß doch was zu bedeuten haben, verdammt! - Diese Dame ist dreiundzwanzig, Studentin. Als sie ein Kind war, habe ich sie häufig betreut - früher habe ich mal als Pädagoge gearbeitet, oben im Jugendhof -, zuletzt gesehen hatte ich sie, als sie zehn oder elf gewesen war, und in diesem Frühjahr plötzlich, nach zwölf Jahren, tauchte sie wieder auf. Seitdem schreiben wir uns ab und zu.

Diese junge Dame schrieb mir nun ein bißchen zuviel vom Leid, Sterben, Tod - und da habe ich sie mit Dir konfrontiert: "Also, ich kenn da eine, vierzehn: richtig souverain! Überbordendes Gefühl - und dann, zackzack, Kopf, Vernunft, Spott, Ironie!"

Das muß doch was zu bedeuten haben mit dem Wörtchen 'souverain'!

Auf jeden Fall hast Du mir mit deinem Brief bewiesen, daß ich recht hatte -. Und ich bin ein ganz schlimmer Rechthabenhabenwoller.

Ich muß jetzt Schluß machen - der letzte Briefkasten geht gleich. Hab hier noch ein Buch liegen, das ich Dir vorletzten Montag mitbringen wollte. Weil ich darüber auch mit mir gestritten hatte, will ich fragen, ob ich es Dir schicken soll. Es ist eine Anthologie von modernen Liebesgeschichten für junge Leute. Nicht extra gekauft, sondern ich habe davon zwei Belegexemplare, weil ich Mitautor bin.

Jetzt mein Streit mit mir selbst: Darfst Du einer Vierzehnjährigen Liebesgeschichten schenken? Da kriegst Du doch womöglich Ärger mit ihren Alten.

Vorsichtshalber noch hineingesehen, welche Stelle aus meinem Buch PROBELÄUFE die da abgedruckt hatten (hatte ich bis da noch nicht getan) und stellte dann voller Schreck fest, daß die ausgerechnet die eindeutigste Stelle genommen hatten. - Da schreibt man mal ein ganzes Buch, das hauptsächlich die Denk- und Gefühlsabläufe beim Verliebtsein beschreibt - und diese Verlagstypen nehmen draus als Nachdruck nur die eindeutige, handfeste Stelle.

Dieser Buchstreit ist zu Deinen Gunsten entschieden worden: ich wollte es Dir mitbringen. Aber mit Warnung.

Deshalb: Soll ich es Dir schicken? Auch mit Warnung. - Vielleicht willst Du im Moment aber auch gar keine Bücher sehen. Was ich verstände und wohl auch gut fände. Deshalb mußt Du sagen, ob Du das Buch jetzt schon haben willst.

Julia in den Dornen!
Dornröschen AUF DER BULT!
She-Souverain!

Dein
Dieter Pflanz

* * *

28. Oktober

Guten Tag, Herr Pflanz!

Ich glaube, Sie haben mit 'Du' die richtige Wahl getroffen, denn als Vierzehnjährige lasse ich mich noch nicht gerne 'siezen'.

Auch das 'Fräulein' bevorzuge ich, denn eine Frau, nee, das bin ich noch nicht, oder fühle mich zumindest nicht so. Das hört sich (besser: liest sich) an, als ob man über achzehn, volljährig also, womöglich noch verheiratet ist und Kinder hat.

Als ich den Brief an Sie in den Kasten stecken lassen ließ, bekam ich, doch!, Gewissensbisse: Wer wußte schon, was der Empfänger dachte... Vielleicht macht er sich über dumme Fehler lustig, über das, was ich da, im Sinne des Wortes, unüberlegt krackelte, gleich einsteckte, ohne nochmals durchzulesen...

Aber, Gott sei Dank, scheint Sie der Brief ja nicht sonderlich verärgert zu haben.

Wenn Sie mir das Buch, von dem Sie erzählten, schicken möchten, dann tun Sie's doch. Bei mir dauert das Lesen zwar im Moment lange, aber lesen tue ich, auch Liebesgeschichten, und

14

warum sollten meine Eltern 'was dagegen haben, sie lesen ja selbst so was.

Ich würde das Buch auch gern lesen, lasen Sie doch auch meine Liebesgeschichte. - Die vom Frosch. Ha, ha! - Nein, ich meine, erfinden, das tun zumindest einige Leute ihre Geschichten.

Und da sieht (und fühlt) man's doch schon, grade, wenn man selber schreibt (oder es zumindest versucht):

Ist nicht in jeder Geschichte ein kleines bißchen Liebe, die man als selbstverständlich empfindet, einfach so hinnimmt, kaum wahrnimmt? So steckt in jeder Geschichte, jedem Buch, Brief usw. etwas Liebe, auch wenn sie nicht durch Mann und Frau oder so hervorgehoben wird.

Ihr erster Brief hat mir in den letzten Tagen sehr die Zeit vertrieben. Wie das? Er brachte mich auf die Idee, mich mit Märchenfiguren zu vergleichen, oder mit Sagengestalten etc. Und da dachte ich, als Mann da kannst du doch nicht Dornröschen sein, und da fiel mir der Graf von Monte Christo ein. Das paßt auch irgendwie in die Lage, in der ich nun bin, aber das Dornröschen finde ich unbeschwerlicher, besser. - Obwohl ich nämlich auch gern 'mal, nachdem ich hier herauskomme, einen tollen Schatz finden würde...

Aber eines ärgert mich ein wenig. Darf man doch seine Gedanken in dieser Welt nicht ehrlich äußern, weil immer die große Schranke zwischen 'er' und 'sie' gezogen wird! Hassen Sie das auch so?

Bald schreibe ich Ihnen mehr, denn es macht irgendwie Spaß, Ihnen zu schreiben, vielleicht gerade deswegen, weil Ihre Briefe so anders, freier, nicht so klatsch, klatsch geschrieben sind.

Ich freue mich nämlich, im Gegensatz zu anderen Personen, über einen ehrlichen Brief, der das Kranksein zwar nicht ausschließt, es aber einen vergessen läßt. Da macht das Beantworten auch wenigstens Spaß!

Nun mach ich fürs Erste Schluß! Tschüß.

Ihr Dornröschen!

* * *

30. Oktober

Liebe Julia,

jetzt waren wir grade draußen im Regen, hinten im Lipp'schen, auf dem Berg zwischen Hohenhausen und Tevenhausen (wenn Du weißt, wo das ist). Hat unentwegt geregnet, alle richtig schön naß - Hund, wir, die Kleidung. Hab mir grad erst mal trockene Socken angezogen: damit mir gute Gedanken kommen.

Darfst Du dort im Dornenschloß eigentlich auch rumlaufen? Vielleicht nach draußen in den Garten, Park. Es ist im Moment sehr schön draußen, hängen noch die letzten Reste dieses herrlichen Sommers an den Bäumen: unwahrscheinliche Farbenpracht. Würde Dir, glaube ich, gefallen. - Oder hast Du von diesem Sommer, wegen Deiner Krankheit, kaum etwas mitgekriegt?

Das mit dem Duzen und Siezen im letzten Brief war natürlich ein Spaß. Dich würde ich weiterhin duzen, auch wenn Du Dir das streng verbitten würdest! Dich möchte ich irgendwie duzen. - Dein Brief gefiel mir nur so gut, daß er richtig schön warme Gefühle angetörnt hatte. Das war ein sehr sehr reifer Brief - wie ihn die meisten der schrecklich Erwachsenen nie fertig kriegen.

Irgendwie tut man das ja nicht bei uns in der Gesellschaft, seine Gefühle so ganz direkt auszudrücken. Anstatt den andern

16

mal in den Arm zu nehmen oder andres zu tun, treibt man dann seine Wortspielchen hintenherum oder versucht's sogar, mit materiellen Geschenken zu sagen. Ist wahrscheinlich nicht gut, daß wir solches Verhalten uns andressiert haben - ist wohl irgendeine kulturelle, bürgerliche Tradition. Aber um Dich vor Begeisterung mal in den Arm zu nehmen oder zu knuffen, bist Du ja im Moment ein bißchen zu weit weg -. Und dann finde ich es auch hundertmal besser, es mit gewundenen Worten zu sagen als durch förmliche, materielle Geschenke. In guten(= überlegten) Worten steckt doch immer die ganze Person des anderen oder sollte stecken.

Fang in Deinen Briefen um gotteswillen nicht an zu verbessern! Die sind ganz große Klasse - die paar Fehler, die da reinrutschen, passieren doch jedem (da sind wirklich kaum Fehler drin, Du hast einen sehr großen Wortschatz, den Du auch gezielt beherrschst). Das war doch grade meine Begeisterung: die Breite Deines Ausdrucksvermögens - als leichter Schreibprofi achte ich natürlich auf so was - und Deine Spontaneität. Und zur Spontaneität gehört Mut: genau die wollen sie uns ja immer über all die Jahre abgewöhnen oder wollten.(Das ist das, was ich mit souverän meinte: die Spontaneität + den Mut + die Klarheit + das Gefühl - und das alles zusammen ab und zu mal rausfeuern).

Daß Du mir Deine Briefe ja nicht falsch verbesserst -. Das sind himmlische Briefe, Dornröschen AUF DER BULT!

So. Punkt.

Du hast völlig recht: in jeder Geschichte, die einer erfindet, in jedem Brief steckt ein kleines bißchen Liebe - 'auch wenn sie nicht durch Mann und Frau oder so hervorgehoben wird', wie Du schreibst. Gerade auch Dein Froschgedicht, war ein richtiges Liebesgedicht. Glaubst Du mir, daß ich das damals als ein schönes Liebesgedicht empfunden habe? Deshalb war ich doch so angetan davon, obwohl ich Dich Typ noch gar nicht kannte.

Ich glaube, Du hast in dem Gedicht genau das Wesen der 'Liebe' getroffen oder eingekreist, so daß es oder sie in den Lücken zwischen den Wörtern sichtbar wurden. - Mich hat damals traurig gemacht, daß die anderen in der Jury das nicht kapierten. Und ich konnte mich nicht deutlich genug verständlich machen, irgendwie hat man auch Hemmungen zu anderen zuviel über 'Liebe' zu reden. Das sind ja unserer aller Probleme: daß wir irgendwie 'Sperren' haben, gut, vernünftig mit unseren Gefühlen umzugehen.

Ich würde sogar noch weiter gehen und sagen, daß auch zwischen einem 'Ding' und einem Menschen richtig schön dicke fette Liebe am Werk sein kann (nicht nur in dem, was Menschen miteinander austauschen). Zum Beispiel: zwischen Dir und Deinem Frosch, zwischen Dir und einem Baum, den Du magst, Dir und einer Blume, einem Stein, einem See, einer Wolke, einem Licht, Stern usw. Und vielleicht kommt sogar von diesen 'Dingen', die oft anscheinend tot sind, richtig schön viel <u>Liebe</u> auf Dich zurück -.

Was hältst Du davon -? Lachst Du mich jetzt aus?

Du, das ärgert mich verdammt auch: 'daß in dieser Welt immer die große Schranke zwischen "er" und "sie" gezogen wird', wie Du schreibst. Das hasse ich auch. Weißt Du warum?: weil das so verdammt dumm ist.

Genau das ist seit Monaten mein Problem - seitdem ich an dem Roman schreibe. Wie ich Dir schon sagte, ist es eine Liebesgeschichte, und ich schreibe das ganze von der Perspektive, der Warte der Frau aus. Ich kriech also in die Frau rein und beschreibe alles von ihr aus - aus ihren Gefühlen, Gedanken. Und ich verstehe sie in diesen Momenten auch echt gut: ich mag sie, ich liebe sie. Ich liebe mit ihr. Das hat ja wirklich - wie Du es ganz richtig siehst - sehr viel mit Liebe zu tun.

Ich bin über beide Ohren in meine Heldin verliebt, die macht mir richtig Herzklopfen. Ich weiß aber nicht, ob sie mir als Mann Herzklopfen macht (also aus irgendwelchen erotischen, sexuellen Phantasien heraus, über Spiele der Phantasie) oder als Frau -. Natürlich macht sie mir auch als Mann Herzklopfen, aber vor allem als Frau: wenn ich mir vorstelle, ich bin die Frau und erlebe Bestimmtes, jetzt, mit dem Mann, dem Jungen.

Das ist ganz irre. Und das Irreste ist, daß ich in der gleichen Situation auch alles von dem Jungen, also von dem Mann aus, erleben kann! Ich kann gleichzeitig der Junge sein: ich kann auch sein Herzklopfen nachempfinden, in der gleichen Situation. - Ich habe mich zwar auf die Seite der Frau geschlagen, auf irgendeine Seite mußte ich mich ja schlagen, um gewisse Subjektivität in den Text zu bekommen und damit Perspektive, 'Flucht' (wie beim räumlichen Zeichnen) - doch ich empfinde auch von dem Jungen aus die Frau. (Man kann ja heute als Autor nicht mehr den Allwissenden spielen, wie ein Gottvater, der über alle Personen in dem Buch genau bescheid weiß. Das würde einem ja kein Leser mehr abnehmen).

Weißt Du, woher diese Empfindungen, glaube ich, kommen? Weil wir immer beides in uns haben: Frau und Mann. Jede Frau hat auch viel vom Mann in sich und jeder Mann viel von der Frau. Gut, unsere Körper sind natürlich verschieden, da können wir nicht raus - aber sonst haben wir doch auch sehr viel vom anderen mitgekriegt: von seinem Denken, Fühlen, Wollen, Tun.

Ich muß mich verbessern: ursprünglich hat jeder auch vom andern viel mitgekriegt - als Kind, Jugendlicher, unter Umständen auch als Erwachsener. Nur leider, leider wird dem Erwachsenen, Heranwachsenden fast immer der <u>andere Teil</u> ausgetrieben. Oder er treibt ihn sich selbst aus. Und das ist fürchterlich: weil es so schlimm dumm ist!!!

Mensch, was könnten wir Herrliches miteinander tun, wenn wir beide Teile gleichmäßig in uns entwickeln würden -! Unsere Körper sind verschieden, da können wir nicht raus, das ist irgendwie Schicksal - aber im Grunde auch völlig uninteressant, ob der eine nun Busen hat oder Bartwuchs und der andere Hoden oder Gebärmutter.

Na, ganz uninteressant ist es (für den jeweils anderen) natürlich nicht -. Du weißt schon, wie ich das meine.

Doch welche Möglichkeiten steckten da drin, wenn beide, Frau und Mann, gleich kompetent über Kinderprobleme z.B. sprechen könnten! Oder über die schwierigsten Probleme der Atomphysik! Weil sie sich beide gleichwertig, ausbalanciert, entwickelt haben.

Was hältst Du davon? Meinst Du nicht, daß ein gutes Gespräch über Atomphysik auch richtig schön erotisch sein könnte, Dornentyp -?

Dein
Dieter Pflanz

* * *

*Julias Gedicht, damals beim Wettbewerb des Literatur-Clubs,
anonym, nur mit Altersangabe, eingereicht:*

13 Jahre

ICH LIEBE IHN!

*Zwar hat er einen grünen Kopf,
Glubschaugen und eine große Klappe,
aber das macht ja nichts...*

*Von Kleidung hält er auch nichts,
und er ist ziemlich kalt,
vielleicht deswegen.*

*Auch sein Geschmack ist abartig,
und seine Freßmanieren ebenfalls!!!
Und seine Haltung!*

*Aber sportlich ist er! Hochsprung,
Weitsprung, Schnelligkeit...*

*Ich liebe Hans! Er soll auch immer
mein Lieblingsfrosch sein!*

* * *

31.Oktober

Lieber Herr Pflanz!

Vielen Dank für das Buch, das ich heute morgen bekommen habe. Wenn ich nicht noch eins zuendelesen müßte, so hätte ich schon gleich angefangen, es zu lesen. Bin schon richtig gespannt...

Aber Neugierde kann auch ganz nützlich sein - als Zeitvertreib. Nun weiß ich gar nicht, was ich noch schreiben soll. Also, wenn ich wieder etwas zu schreiben weiß, schick' ich es an Sie.

Bis dahin, tschüß!

Ihre Julia

...in den Dornen

* * *

4./5. November

Lieber Herr Pflanz!

Auf Ihre Frage im Brief, ob ich 'rumlaufen dürfe, kann ich Ihnen eine klare Antwort geben: Nein! Ich habe "strengste Bettruhe", was einem ziemlich auf die Nerven geht:

Wenn ich z.B. das Bedürfnis habe, zum 'stillen Örtchen' zu gehen, muß ich klingeln, so daß 'ne Schwester (oder ein Pfleger) mit mir dahin geht und vor der Klotür auf mich wartet. Der Grund: Ich könnte, wegen niedrigem Blutdruck, umkippen, und dann wär niemand da, der mir helfen könnte. - Blödsinnig!!

Aber wenn ich in meinem Einzelzimmer aus dem Fenster schaue, sehe ich die Sonne und etwas Rasen mit Bäumen usw., auf dem sich 1000 Karnickel tummeln. Ehrlich, soo viele haben Sie noch nie gesehen!

22

Bald dürfen auch meine Eltern wieder zu mir kommen, wenn auch erst 1x die Woche je 1 Stunde lang. Aber bald dürfen mich bestimmt auch andere besuchen, es muß aber vorher angekündigt sein. - Blöd. Die Überraschungen mag ich nämlich!

Ich lache Sie, mit dem Brief, den Sie mir schrieben, überhaupt nicht aus, denn dazu gibt's ja keinen Grund.

Lachen tun sowieso oft nur die, die etwas nicht verstehen und sich somit aus der Klemme ziehen wollen.

Wenn alles irgendwie mit Liebe zu tun hat, wie wir so schön kombiniert haben, so weiß ich einen Grund meiner Krankheit, und den sollte, bis heute, kein anderer wissen, denn verstehen, das tut kaum jemand:

Ich habe die Liebe zum Leben verloren. Einfach weg. Wären meine Eltern nicht, ich sehe keinen Grund mehr weiterzuleben; endlich in meine Welt der Fantasien zu tauchen, für immer, ist mein großer, unerfüllbarer, Wunsch.

Schwer, das zu bekennen, wo ich mich immer in einen Umhang aus Fröhlichkeit gehüllt habe, die Wahrheit versteckte, was mir, glaube ich, auch etwas gelungen ist.

So, nun mach' ich erst 'mal Schluß.
Bis bald,

Julia in den Dornen

* * *

Liebe Julia,

heute morgen, als ich Deinen Brief gelesen hatte, kam mir eine Phantasie über Dich. Nachdem ich sie einige Stunden im Kopf gewälzt habe, auch draußen auf dem Ralsfelder Berg, wo wir heute nachmittag waren, und sie sich beim Wälzen nicht verändert hat, sollst Du sie erfahren.

Ich sehe Dich als einen Kundschafter, eine Art Pfadfinder, der sich in unwegsamer Wildnis vorwärtsbewegt. Ein kaum sichtbarer, schwieriger Pfad, auf dem Du in die Wildnis hineingehst.

Sicher hast Du früher einmal den LEDERSTRUMPF gelesen - und genau so sehe ich Dich: wie den jungen Lederstrumpf, der das Gebirge übersteigt, hinunter ins Land des Blue grass.

Die Figur des Lederstrumpf hatte ein historisches Vorbild, das den Cooper zu seinem Roman angeregt hat: den Daniel Boone. Und dieser Daniel Boone ist als junger Mann, mit kaum mehr als einer Flinte und einem Messer bewaffnet, in unglaublich kühnen Vorstößen allein von Pennsylvania her über die hohen, schroffen Allaghany-, Apalachen-Gebirge hinunter nach Kentucky ins Land des Blue grass vorgestoßen. In Gebiete, die damals noch wildes Indianerland waren.

Diese meine Phantasie ist jetzt eine männlich-jungenhafte, irgendwie aggressive - doch ich hab im Moment keine andere Phantasie, die allein Frauen betreffen könnte, bin da als Mann zu einseitig. Doch ich bin sicher, daß Du den 'Lederstrumpf' mal sehr gemocht hast, weil den alle jungen Menschen mögen, egal, ob sie Mädchen oder Jungen sind. (Und damit sind wir schon wieder da, wo wir im letzten Brief waren: bei den blöden Schranken, die immer zwischen 'sie' und 'er' künstlich gezogen werden. Bei den Kindern und Heranwachsenden gibt es die gar nicht tatsächlich: gute Geschichten machen beiden Geschlechtern das gleiche Herzklopfen).

Du bist ein Kundschafter. Ich sehe in Dir die gleiche Kühnheit, die gleiche Kraft, die gleiche Wachsamkeit wie im Lederstrumpf oder Daniel Boone. Auch die gleiche Neugierde - was wohl hinter den Bergen liegt? - und den gleichen Mut. Vor allem sehe ich in Dir Kühnheit und Mut.

Komm ich Dir jetzt komisch vor, Dornröschen AUF DER BULT? Weil Du ja im Moment wegen Deines niedrigen Blutdrucks noch nicht mal allein zum Klo gehen darfst -. Der Typ der spinnt!

Mag sein, daß ich spinne - doch ich sehe Dich sehr stark. Und irgendwie kühn, mutig.

Erinnerst Du Dich noch an Deine anderen Geschichten, die Du damals neben dem Froschgedicht uns eingereicht hattest? Diese Mord- und Selbstmordstories. Wir sind regelrecht in Deckung gegangen, die ganze Jury, eben weil diese Geschichten mit einer solchen Wucht, mit so wahnsinnig starken Gefühlen daherkamen. Ich war auch in Deckung gegangen, mit aller Wachsamkeit, allem Alarmklingeln im Gehirn - bis ich Dich mir angesehen hatte.

Dornenjulia, Dornröschen, Dornenschneeflocke hinten AUF DER BULT: Du hast in diesen Geschichten was ausprobiert - bist die Grenzen des Lebens abgeschritten! Und die haben naturgemäß mit Tod zu tun, denn Leben ist nun mal Leben zum Tod hin.

Es ist jedoch sehr kühn und mutig, in der Phantasie schon mal die Grenzen des (eigenen) Lebens abzuschreiten. Und es zeugt von Kraft. Denn allein, wer die Grenzen kennt, kann zu eigenen Entwürfen für sein Leben kommen: zur Selbststeuerung in seinem Leben.

Die allerallermeisten Menschen unterdrücken ständig das Wissen des Todes in sich, weil sie den Mut und die Kraft nicht aufbringen, den zu bedenken. Und die Folge ist, daß sie in ihren Leben keine richtige Eigensteuerung hineinbekommen - deshalb mehr oder weniger passiv gelebt werden. Denn erst vom (in der Phantasie vorweggenommenen) Ende her kann man die Möglichkeiten des eigenen Lebens erkennen und dann versuchen, sie anzusteuern.

Du bist schon gut, Dornentyp -.

Ich glaube Dir, Julia, daß Du im Moment meinst, alle Freude am Leben verloren zu haben. Mir ist es in vielen Phasen meines doch schon langen Lebens ähnlich ergangen - gerade besonders in den jungen Jahren! -, deshalb verstehe ich das ziemlich gut. Doch ich behaupte, daß Du noch keinesfalls die Freude an der 'Welt' verloren hast! Und die 'Welt' ist mehr als das Leben. Punkt.

Prüf Dich mal selbst: wie ist es mit den Kaninchen draußen vor Deinem Fenster? und den bunten Herbstbüschen? und dem Licht? und der Schwester, die Du magst? und Deinen Eltern? und Deinem Bruder? und den Blumen? und den Steinen? und den Wolken? und den Büchern? und Deinen Geschichten? und den Träumen? und und und? Magst Du nicht die 'Welt' noch richtig gern -?!!

Dein Problem dürfte sein, daß Du die 'Welt' zu sehr in Deinen Kopf genommen und dabei den sinnlichen Bezug zur 'Welt' etwas verloren hast. Unter 'sinnlich' verstehe ich nicht 'erotisch' oder ähnliches, sondern ganz simpel: mit den Sinnen. Mit Auge, Ohr, Nase, Zunge, Tastsinn, Gleichgewichtssinn etc. Wie eben alle Kinder zuerst der 'Welt' begegnen - als Kinder haben wir das alle mal gekonnt.

Dieses sinnliche Verhältnis ist irgendwie gestört worden - und daraufhin hat Dein Körper zurückgeschlagen mit niedrigem Blutdruck. Der 'friert' jetzt, Dornenschneeflocke. Leuchtet doch irgendwie ein oder nicht?

Bei den letzten Briefen hatten wir schon festgestellt, daß zwischen einem Menschen und 'Dingen' auch richtig schön warme dicke fette Liebe herrschen kann. Und da Du mich nicht ausgelacht hast, will ich's wiederholen: daß die 'Dinge' auch andersrum wirken, 'lieben' - von sich auf den Menschen zu.

Die 'Dinge' wären die 'Welt'.

Die 'Welt' strahlt mit der Wärme ihrer 'Liebe' auch auf Dich zurück - wenn Du ihr richtig begegnest. Faß die 'Welt' mal wieder an, riech dran, steck sie in den Mund, hör sie richtig an, sieh sie an: wie Du das all die Jahre früher gemacht hast!

Bin ich ganz sicher, daß Du das früher so gemacht hast. Sonst wärst Du nämlich nicht stark und mutig und klug und souverän geworden, wie Du es nun mal geworden bist.

Punkt. Dornröschen AUF DER BULT, Dornenschneeflocke! (Die Schneeflocke leih ich Dir aber nur so lange, wie Dein Blutdruck niedrig ist und Du so bleich da rumhängst - ist mir irgendwie zu zart für Dich und zu kalt).

Liebe Grüße
Dein
Dieter Pflanz

* * *

27

Die anderen Geschichten, die Julia damals anonym beim Wettbewerb des Literatur-Clubs eingereicht hatte:

13 Jahre

DAS GEWISSEN

Ich weine, sitze da und friere. Meine Augen wenden sich nicht ab von dem, was ich da sehe. Es tut weh, sehr weh. - Ich trauere um meinen Hund. Er ist tot. Seine Augen sind geschlossen, sein Fell zerzaust. Er liegt zusammengekrümmt vor mir. Langsam strecke ich meine Hand nach ihm aus, berühre sein Fell. Es fühlt sich kalt und steif an. Aus seiner Schläfe rinnt Blut. Meine Hände ballen sich zu Fäusten. Warum?

Es fängt an zu regnen, und es wird kalt. Doch ich spüre nichts, außer Haß. Haß vor den Menschen, den Waffen, dem Mörder meines Hundes.

Ich hebe das Tier hoch und trage es in den Wald, nicht weit des Mordplatzes.

Ich kratze den lehmigen Boden auf, lege das Tier hinein und scharre es zu.

Ich fühle mich einsam, verlassen.

Wer hat das getan? Ich richte mich vom Grabe auf. Ich klammere mich an einem Baum fest und schreie nach dem Mörder meines Hundes. Gestalten schlüpfen aus dem Nebel. Sie starren mich an. Ich presse meinen Rücken ganz fest an den Baum. Augen mustern mich scharf und kühl. Es werden immer mehr. Sie umkreisen mich. Sie zeigen mit dem Finger auf mich. "Mörder, Mörder!" hallt es um mich herum durch den Wald.

Ich halte mir die Ohren zu, versuche, die Stimmen aus dem Wald zu schaffen. Doch in meinem Kopf schreien dieselben

Stimmen weiter. Sie werden schärfer, lauter, bedrohlicher. Sie wollen mich erdrücken. Ich schreie: "Nein." Doch meine Stimme erstickt in mir selbst. Ich knie nieder, vergrabe den Kopf im Moos. Mein Schluchzen verformt sich in Wimmern, und es hält mir die Kehle zu.

"Wieso hast du es getötet? Sag's. Schnell, sag's. Dann ist alles gut."

"Ich, ich war's", brachte ich hervor.

Kälte dringt in meine Finger, die verkrampft in den Boden gekrallt sind. Um mich herum wird es Nacht. Die Stimmen werden leiser, sie erlischen.

Als ich erwache, liege ich auf einer großen Wiese, die mit Blumen bedeckt ist. Um mich herum ist es warm und schön. Ich trage ein leichtes, weißes Kleid, auf dem viele Blumen liegen. Ein kleiner, weicher Hund läuft auf mich zu. Es ist mein Hund. Ich rufe ihn, umarme ihn und küsse ihn. Eine Stimme sagt: "Nun ist alles gut."

Vier Tage danach fanden mich Holzarbeiter, die im Wald arbeiteten. Ich war tot. Fünfzig Meter von mir entfernt lag, mit etwas Erde bedeckt, ein Hund. Neben ihm lag ein kleines Küchenmesser, die Mordwaffe des Hundes.

*

13 Jahre

DER TOD

Wann sterbe ich endlich? Seit meiner Krankheit dauert die Zeit doppelt so lang. Ich spüre, der Tod kommt näher. Ich <u>will</u> sterben, aber wann darf ich? Die Welt ist grau! Hochhäuser, Straßen, dieses gräßliche Krankenhaus... Alles ist öde und unscheinbar um mich herum. An der Zimmertür der Station hängt ein Schild: "Sollte es dir schlechter gehn, drücke auf das Knöpfchen schön!" Das alberne Schild! - Ich werde schwach und merke, daß ich erlöst werde. Der Krebs kann nicht mitkommen, in das Jenseits! Ich schließe die Augen, lächele, tue alles, um entschlafen zu können. Mir schwindet das Bewußtsein.

Vier Stunden später:

Ich öffne die Augen, ein Schmerz geht durch meinen Körper, viele Gesichter schauen mich an. Es sind die Gesichter von Ärzten!

Schläuche und Katheder hängen über und in mir. Man trägt mich auf die Intensivstation. Ich will weinen. Sah ich nicht ein Licht, schöner als alles andere auf der Welt? Ich hatte keine Schmerzen mehr, als ich das Licht sah. Doch jetzt!!!...

"Keine Angst, wir bringen dich schon über den Berg!" trillerte eine Schwester. Ich kann sie ermorden!!

Sie legt Spritzen und Besteck auf einen Tisch und trällert: "Warte, Schwesterchen kommt gleich wieder."

Es gibt nur noch einen Ausweg.

Ich muß mir die Pulsadern aufschneiden! Ich stiere auf das Tischchen mit dem Besteck und den Spritzen. Langsam legt sich meine Hand auf ein Messer. Ich nehme es, lege es auf die Hand und - da kommt die Schwester. "Ei, ei, was tut mein Häschen da?" Sie grabscht mir das Messer aus der Hand, legt mir ein

wuscheliges Knäul hinein. Ich hebe es hoch und schaue es an.
Es maunzt. Eine kleine Katze. Ich drücke sie an mich. "Ist die
für mich?". "Ja". "Lohnt es sich zu sterben, für eine solche
Katze?". "Ja". - In diesem Augenblick spüre und sehe ich nichts
mehr. Ich sehe ein Licht auf mich zukommen, das schöner ist,
als alles, was ich jemals gesehen hatte. Es verschlingt mich,
und ich verschlinge es mit den Augen. Kein Schmerz kann mich
jetzt ergreifen. Jetzt bin ich frei und glücklich. Ich bin bei Gott.

* * *

9. November

Lieber Herr Pflanz,

Ich glaube, ich muß Ihnen noch einiges erklären, damit Sie sich
besser in mich hineinversetzen können:

Ich habe meine eigenen Welt, meine Fantasiewelt, in der ich
König bin, meinen, wie Sie sagen, Mut und meine Souveränität
brauche, eigene Abenteuer, Liebe und Geborgenheit erlebe.

In die Welt flüchte ich, und ich liebe sie, ihre hellen und
schattigen Seiten, die Steine, Tiere, die Sonne, - alles...aus jener Welt, in der ich keine Schmerzen mehr habe.

Richtig, oft denke ich an den Tod: Frei zu sein, Erlösung,
Frieden...und ich hätte mir schon längst etwas angetan, wenn
meine Eltern und meine Freunde nicht auf mich warten, hoffen
würden.

So stecke ich in einer Zwickmühle, <u>will</u> sterben, <u>muß</u> gesund
werden, ohne daß ich's will.

So fühle ich mich wie gefesselt, bin dem, was geschieht,
willenlos ausgesetzt. Schlimm! Und wird körperlich etwas besser bei mir, so geht es seelisch bergab, weil ich trauere, dem
Tod, der schon so nahe war (wäre ich nicht ins Krankenhaus

gekommen, dann wär ich schon längst tot), ein Stück weiter entronnen zu sein...

Keiner in unserem Ort, nur die Ärzte wissen das, so möchte ich, daß Sie keinem Menschen etwas davon sagen. Ich habe, durch die offenen Briefe, sehr viel Vertrauen zu Ihnen bekommen, so sind Sie die einzige Person, der ich mein größtest Geheimnis anvertraut habe, denn ich glaube, daß Sie es verstehen.

Noch etwas zum Fantasieland:

Sie schrieben etwas von Grenzen zwischen Fantasie und Wirklichkeit. Das hat mich an die 'Unendliche Geschichte' erinnert. So geht es mir, ich tauche auch in so eine Welt ein, nur da bin ich der Mächtigste. Vielleicht muß ich auch erst meinen 'wahren Willen' finden (und anderen das 'Wasser des Lebens' mitbringen)?

Vielleicht irre ich noch immer von einem Wunsch zum anderen in der Phantasie umher und vergesse bei jedem Wunsch, der sich in der Phantasie erfüllt, die Erinnerung an die Menschenwelt?

Sie kennen die Geschichte, das Buch, ich glaube, ich kann das Buch nun auch erst verstehen.

Michael Ende hat recht! Vergleichen Sie, soweit Sie können, mich mit 'Bastian Baltasar Bux'!

So, nun erstmal Schluß!
Bis zum nächsten Brief!

Ihre
Julia, der weibliche Lederstrumpf?!

PS: Ob Sie's glauben oder nicht: das Dornröschen hatte schon immer 'nen niedrigen Blutdruck im Leben, nur nicht so extrem...!

PS: Ob Sie's glauben oder nicht: Ich mag Ihre Briefe, die Art, wie sie geschrieben sind. Ob das kommt, weil Sie ein Autor sind und eine Hand dafür haben, oder ob es das Hineinversetzen in meine Seele ist, was Ihnen sicher gelingt, oder gar beides, ich weiß es nicht! Nur schätzen tu' ich es und verschlinge Ihre Briefe nur so. Sie (die Briefe) geben mir Mut und lassen einen frohen Sonnenstrahl in mein, im Moment, so trauriges Herz.

Nun liegt es an Ihnen zu lachen, denn es hört sich doch sehr kitschig und schleimig an, ist aber Ernst.

Bin eben etwas kitschig beim Ausdrücken gewesen, aber trotzdem sollen Sie's hören.

Schaden kann's, wenn überhaupt, einem, nur mir!

* * *

11. November

<u>Den Nachbrief nach vorn</u>: ACHTUNG - WARNUNG - ACHTUNG

Bin heut nicht in Form - hab Dir einen Brief geschrieben, taugt aber wohl nichts. Alles zu abstrakt, irgendwie zu weit weg. Kann aber heute auch gar nicht entscheiden, ob's wirklich so'n Mist ist.

Habe Dich aber wohl in meinen Schrieben immer wie 'ne richtig Große behandelt. Sei also jetzt 'ne Große und schmeiß den Mist vom Mist selbst weg!

Liebe Julia,

eigentlich kenne ich keinen wie Dich, der so klar und nüchtern bleibt, wenn er sich seinen Gefühlen nähert. Die Ausnahme sind einige Schriftsteller, die ich mag - doch von den 'Privaten' kenne ich wohl niemanden, der das so schafft wie Du. Du bist absolut nicht kitschig oder gar schleimig, wie Du schreibst, wenn Du Gefühle auszudrücken versuchst!

Das Schöne an Dir ist gerade, daß Du Dich Deinen Gefühlen stellst, ihnen nicht ausweichst - wie das die meisten tun. Die meisten Menschen haben ein schlechtes Verhältnis zu ihren Gefühlen: sind ihnen hilflos ausgeliefert. Und dieses, sie beängstigende, Ausgeliefertsein kann sich verschieden äußern: indem sie entweder jegliche Gefühlsäußerungen unterdrücken, alle Gefühle von sich schieben, oder immer sofort ins Kitschige, Sentimentale abgleiten (und manchmal auch beide Verhalten pflegen, immer abwechselnd).

Ich halte Gefühle für sehr, sehr wichtig im Leben - wahrscheinlich sind sie das Allerwichtigste. Es sind Signale in uns, die uns zu steuern versuchen. Leider wird diese Steuerung durch Gefühle uns im Laufe der Zeit, durch die verschiedenen Erziehungsprozesse, ausgetrieben oder es wird versucht, sie auszutreiben, weil sie angeblich den Verstand und die Vernunft behindern. Und weil uns das so oft erzählt worden ist, kriegen die meisten immer eine Art schlechtes Gewissen, Angst, wenn sie mit ihren Gefühlen konfrontiert werden.

Ich halte dieses Verständnis von Verstand/Vernunft für völlig falsch. Für mich gehört als erster und wichtigster Punkt zur Vernunft: die eigenen Gefühle an sich heranzulassen und sich ihnen zu stellen.

Gefühl ist vieles, wenn nicht sogar fast alles. Wenn Du sagst: 'Ich mag den/die/das', dann sind Gefühle im Spiel; wenn Du sagst: 'Der Pullover gefällt mir nicht', dann sind Gefühle im

34

Spiel, etc. Gefühle sind aber nicht nur 'positiv' - Liebe, Sehnsucht, Glück, Barmherzigkeit, Mitgefühl, Hilfsbereitschaft, Hoffnung usw. -, sondern oft auch 'negativ': Haß, Neid, Mißgunst, Eifersucht, Wut usw. Deshalb können wir wohl Gefühle nicht immer so ganz ungefiltert herauslassen, sie würden sonst menschliches Zusammenleben zerstören. So'n bißchen filtern mit Verstand, Vernunft müssen wir schon. Doch um sie filtern zu können, müssen wir sie zuerst dicht heranlassen. Es wäre z.B. völlig falsch, die eigene Wut gar nicht mehr zur Kenntnis zu nehmen, weil einem mal andressiert worden ist, daß man nicht wütend sein darf (etwa in der Schule gegen den Lehrer oder in der Familie zu Hause).

Die Wut ist ja da (in Deinem Körper)! Wenn man sie nicht zur Kenntnis (= ins Bewußtsein) nimmt, bricht sie sich irgendwie anders Bahn (vielleicht in Magengeschwüre - z.B. bei Arbeitnehmern, die die Wut über sie schikanierende Vorgesetzte immer nur runterschlucken). Es ist viel besser, wenn man die Wut eingesteht und sich z.B. sagt: 'Verdammt, du blöder Typ, ich könnte dir die Flasche auf den Kopf hauen!' Natürlich darf man ihm nicht die Flasche auf den Kopf hauen. Doch man darf es ihm unter Umständen an den Kopf werfen - als Satz. Und so sich und ihm die Chance geben, das aufzuarbeiten, was lange schief gelaufen ist und so die Wut gemacht hat.

Und auch bei den schönen Gefühlen sollte man sich wohl ab und zu stellen nicht nur hingerissene Kalbsaugen kriegen. Wenn Du einen Jungen liebst, kannst Du Dich ruhig ab und zu fragen: 'Warum lieb ich den Typ eigentlich so?' Solche 'Unterbrechung' der Gefühle tut den Gefühlen ja keinen Abbruch, verstärkt sie höchstens, wenn es echte Gefühle waren.

Das gehört für mich alles zur Vernunft: sich den Gefühlen zu stellen, sie dicht an sich heranzulassen. Und genau das, Julia, scheinst Du immer zu tun. So sehe ich es wenigstens. Das ist das, was ich als Deine Souveränität bezeichnet habe.

Wie Du Dornentyp das herausgekriegt hast, weiß ich nicht. Theoretisch kannst Du Dir die Wichtigkeit ja kaum erarbeitet haben -. Ich sehe nur immer wieder, daß Du Dich ganz souverän zwischen den Gefühlen bewegst.

Ich kann auch das mit dem 'Lederstrumpf' vom letzten Brief heute näher erläutern: Du scheinst mir ein Kundschafter in der Welt der Gefühle zu sein. Der Lederstrumpf trug als Waffe eine lange Flinte, die berühmte 'long rifle' - Deine Waffe ist Deine Klugheit, Dein Mut und wohl auch Deine Kraft.

Du gehst da sehr kühne Wege. Doch irgendwie habe ich überhaupt keine Furcht um Dich - warum ich um Dich keine Furcht habe, weiß ich nicht.

Punkt.

Lassen wir das heute mal so stehen. Ich bin heute irgendwie nicht in Form bin zu abstrakt, zu weit weg.

Was mir noch einfiel: Hättest Du nicht Lust, mal auf großen Blättern Papier all das aufzuschreiben, was Du liebst und was Du haßt? Für Dich selbst. Aber wirklich gut nachdenken! Und keine magere Liste oder Auflistung, sondern bei jedem Ding, das Du magst, schreibst du immer davor: ICH LIEBE X, ICH LIEBE Y, ICH HASSE Z, ICH LIEBE SEHR Q, ICH HASSE GANZ SCHLIMM W, usw ('Dinge', nicht so sehr Personen). Ganz für Dich. Ich glaube, es würde Dir helfen, Dir selbst klar zu werden. Wenn Du willst, kannst Du es anschließend natürlich auch mit mir besprechen oder mir zeigen ich werde Dir dazu dann schon meinen Senf mitteilen...

Dein
Dieter Pflanz

2. Nachbrief: Gestern nacht war ich über meinen Brief schlimm niedergeschlagen. Doch eben - beim Sonnenschein! - hab ich

ihn noch mal gelesen, und jetzt kommt er mir gar nicht mehr so schlimm vor. Ist auch gar nicht so abstrakt.

Also, Große!, sei 'ne richtig souveräne, schmeiß selbst weg, was weggeworfen werden muß.

* * *

19. November

Na, Dornentyp,

bist Du inzwischen in den hundertjährigen Dornröschenschlaf gefallen? - So Dornen sind eklig, nicht? Ich such mir draußen immer die blauschwarzen Schlehen, die jetzt nach Kälte erst richtig schmecken, und bin von den harten Dornen immer ganz zerstochen. Deshalb weiß ich Bescheid. AUF DER BULT ist bestimmt ein riesiger Weißdornhügel mit langen, harten Dornenspitzen (oder sind Schlehen nicht Weißdorn?).

Bald müßten Mama und Papa und Dein Bruderherz Dich aber besuchen kommen dürfen. Dann sieht die Welt gleich wieder ganz anders aus!

Du sollst übrigens einen sehr netten Bruder haben. Hat mir meine Späherin erzählt, vom Auskundschaften verstehe ich auch etwas. (Die Frau Krämer erzählte es mir).

Meinen Liebesroman habe ich jetzt fertig - wenigstens in der ersten, zweiten Fassung. Ich bin jetzt grade angefangen, die dritte Fassung im Computer zu erstellen. (Die erste Fassung schreib ich immer auf der alten Schreibmaschine - der Computer hat so'n komisches Heulsausen, der Ventilator, das alle guten Gedanken immer wieder aus dem Kopf bläst).

'Liebes'roman klingt irgendwie nicht ganz richtig - das Buch handelt von Liebe, aber mehr von den Denk-, Gefühlsabläufen beim Verliebtsein. Und außerdem waren wir beide uns ja schon einig, daß es dicke fette Liebe auch zwischen Menschen und

'Dingen' geben kann. Das Buch handelt vor allem auch von der 'sinnlichen Erfahrung' der Welt: wie das vor allem Kinder tun - mit den Sinnen, mit Auge, Nase, Mund, Tasten etc.

Dornengroße, Du verstehst. Ich bin nämlich auch ein Kundschafter in der Welt der Gefühle -. Nicht nur Du, Bonnemeier! Ich weiß durchaus auch die Gefühle beim Aufsuchen der Gefühle zu schätzen...

Na, vielleicht begegnen wir uns da mal auf unseren Erkundigungen -. Tief hinten in der Wildnis.

Im Ernst, Julia, ich glaub, das ist in meinem Schreiben mein eigentliches Hauptanliegen gewesen: mir klar zu werden über die Welt und die Wirkungen der Gefühle. In allen meinen Büchern. Das ist mir aber erst sehr viel später aufgegangen - jetzt im Nachhinein, Jahrzehnte zurückschauend.

Nimm mal das MICHA-Buch (das Du, glaube ich, kennst). Verhindern bei dem Helden die Gefühle nicht, daß er in dem vornehmen Hotel den Teller mit Suppe umschmeißt? Er muß es zu Hause in der Küche erst trainieren.

Manche Dinge sehen so verdammt leicht aus - doch die Gefühle in uns verhindern, daß wir sie ausführen können! Das ist schon interessant, finde ich wenigstens. Und da steckt ja oft auch unglaubliche Komik drin. Siehe den MICHA - deshalb ist das ja wohl auch ein komisches, humorvolles Buch geworden.

Oder in dem VIERZEHN-Buch. Der Achim sitzt da ja ständig rum und denkt nach - eigentlich über Gefühle. Z.B. in der Küche am Tisch: denkt nach übers Sterben, den Tod. Und seine Mutter kommt rein und stört ihn: "Komm, hol Kohlen aus dem Keller!" Worauf er dann fuchsteufelswild wird - also seine (negativen) Gefühle losschlagen.

Na, will Dich mit meinem Zeugs nicht langweilen -. Doch interessant ist es schon.

Dann sieh mal zu, Dornröschen AUF DER BULT! Laß Dich nicht zu sehr stechen und verlier Dein Lächeln, Deinen Humor nicht.
Bist Du immer noch so bleich wie eine Schlehdornenschneeschneeflocke -?

Liebe Grüße
Dein
Dieter Pflanz

* * *

4. Dezember
Liebe Julia,

wie geht's Dir so? Bist Du inzwischen unter Deinem Dornenhügel hervorgekrochen, wenigstens etwas? Sozusagen mit der Nasenspitze - und schnupperst schon mal wieder das ach so wilde, starke Leben draußen.
Mittwoch war ich bei Euerm Literatur-Club - zur Auflösungsschlußveranstaltung. Der Club hat sich damit aufgelöst, die Frau Krämer wird's Dir wohl geschrieben haben, es waren in letzter Zeit zu wenige Teilnehmer. Nur noch vier.
Wir haben Plätzchen gegessen, Saft, Kaffee getrunken und Literaturspiele gemacht und uns was vorgelesen. Bei Kerzenlicht! War noch sehr nett.
Ist natürlich schade, daß sich eine so gute Einrichtung, wie der Literatur-Club es war, wegen mangelnden Interesses nun auflösen mußte. Stories und Gedichte schreiben - jenseits des 'Dressurraums' Schule, mit seinen Aufsätzen, Nacherzählungen,

Referaten - ist ja doch schön und vor allem wichtig. Für einen selbst. Um sich selbst klar zu werden: über die 'Welt', das Leben, die eigene Person. Bei den schulischen 'Schreibübungen' wird man ja doch nur eingeschliffen, zugerichtet, damit man später 'paßt' (in die Gesellschaft, wie so'n Maschinenteil).

Das muß natürlich sein, Menschen müssen irgendwie 'passen', damit es funktionsfähige Gesellschaften ergibt. Aber irgendwie verlieren Menschen beim Einschleifen auch viel von ihrem eigentlichen Ich. Verlieren dabei unter Umständen ihre schöpferischen Kräfte, werden manchmal sogar zu leeren, von anderen leicht benutzbaren 'Hülsen' gemacht.

Na ja, Du kannst Dein schöpferisches Ich ja auch alleine weiterpflegen -. Die Frau Krämer will demnächst auch wieder etwas anderes, neues Schriftstellerisches auf die Beine stellen.

Ich schreib fleißig an meinem Roman, jeden Tag ein paar Seiten. Ein Viertel des Manuskripts habe ich inzwischen schon in den Computer übertragen. Und einiges fällt bei dieser dritten Fassung immer noch untern Tisch, bisher aber nicht allzu viel. Bei jeder Korrekturfassung muß der Text eben immer mehr gestrafft werden. - Man muß ja zuerst einen gewissen zeitlichen Abstands zu den eigenen Texten haben, um erkennen zu können, was gut und weniger gut ist. Man muß zuerst sein eigenes Zeugs schlicht wieder vergessen haben, um in dem so neu gewonnen Abstand neu entscheiden zu können. Bei jedem geschriebenen Text schleppt man ja noch zusätzlich Unmengen von Zwischen-, Vor-, Nachüberlegungen im Gehirn mit, die den eigenen Blick auf den Text verfälschen. Und wenn diese Gehirnspeicherungen mit der Zeit sich verflüchtigt haben, bekommt man erst neutraleren, objektiveren Zugang zum eigenen Text.

Ich war in den letzten Wochen auch krank - hartnäckige Erkältung. Wir hatten Besuch aus dem Osten, der unentwegt am Rauchen war, irgendso'n russischen Tabak, Machorka, was

weiß ich. Meine ganzen Bronchien waren wund vom Qualm -
und anschließend hatten die Bakterien leichtes Spiel. Rauchen
kann ich nicht mehr ab, obwohl selbst mal 25 Jahre lang ge-
raucht. Die Schwäche des Alters -.

Also hänge ich jetzt mit flachem Blutdruck wie Du auch in
den Dornen. Doch als schwarze Dornenmachorkata-
baksteerschneeflocke - nicht wie Du als weiße Schlehdornenschneeschneeflocke.

Herzliche Grüße
Dein
Dieter Pflanz

* * *

5. Dezember

Lieber Herr Pflanz!

So, nun staunen Sie aber, am 3.12. war ich für einen Tag zu
Hause!

Vor Weihnachten werde ich entlassen, muß dann aber noch
ambulant weitermachen, d.h., jede Woche einmal nach Hannover.

Wie's scheint, geht es meinem Kreislauf im Moment besser
als Ihrem, und mein altes Gewicht habe ich auch wieder.

Auch sterben will ich nicht mehr, doch das Heimweh, das
ich habe, halte ich kaum noch aus.

Sie haben recht, langsam erwache ich aus meinem Schlaf,
darf aufstehen, spazierengehen, am Wochenende nach Hause.
Komisch: Dornröschen war 100 Jahre, ich fast hundert Tage im
Schlaf!

Und so viele Träume gehabt, die nun in meinem Kopf als Geschichten schlummern, die darauf warten, aufgeschrieben zu werden.

Wissen Sie was, besuchen Sie mich doch einfach 'mal; wegschicken kann man Sie ja nicht... Ich weiß zwar nicht, ob ich Besuch bekommen darf, aber wenn er da ist, ist er da und wird sicherlich auch bleiben!

Es hört sich vielleicht aufdringlich an, wenn ich Ihnen sage, daß es am Mittwoch und Donnerstag, Samstag und Sonntag nicht geht (Therapiestunden, Elterngespräche etc.), aber Sie wollten ja wissen, ob, wann und wie ich Besuch haben darf, und da ist es ja besser, ich sag', wann's paßt und wann nicht. - Nachmittags ab 15.00 ist die Besuchszeit.

So, dann hoffe ich, daß der Nikolaus Ihnen etwas Schönes in den Schuh packt!

Tschüß, dann!

Ihr Dornröschen, das langsam erwacht...

* * *

7. Dezember

Liebe Julia,

das hatte ich schon vorgestern erfahren, daß es Dir wieder gut geht. Deine Mutter hatte Frau Krämer angerufen, es ihr freudestrahlend berichtet - Frau Krämer hatte mich angerufen, es mir freudestrahlend berichtet - und ich hatte es wieder freudestrahlend meiner Frau weitergegeben. Du siehst, unsere Buschtrommeln funktionieren hier!

Ist aber wirklich schön, daß Du jetzt das Schlimmste überstanden hast. Das beste Krankenhaus taugt nichts - auch wenn

Du da wie ein VIP-Patient ein Zimmer für Dich allein gehabt hast (VIP = Very important person). Die Ärzte sollen staunen, daß das bei Dir so schnell ging. Dir ist aber wohl klar, daß Du Dich da selbst am Schopf aus dem Sumpf gezogen hast. Du bist halt ein souveräner Typ, der sogar brüchige Schilfhalme zu nutzen weiß -.

Wärst Du nicht ein so kluger, vernünftiger Dornschratt, der sich vor allem wohl auch immer viel mit dem Kopf gesteuert hat, hätt's bestimmt vielviel länger gedauert. Therapien erfordern die Fähigkeit zur Einsicht (ins eigene Verhalten), haben sehr viel mit Vernunft, Verstand zu tun. Deshalb funktionieren sie bei manchen Leuten gar nicht.

A long night's journey into the day -.

Von dem amerikanischen Dramatiker O'Neill gibt es das Stück A LONG DAY'S JOURNEY INTO THE NIGHT (Eines langen Tages Reise in die Nacht). Ich hab den Titel für Dich umgedreht.

Paßt er? Klingt aber doch echt gut, nicht?

Bin irgendwie sicher, daß Deine Reise in den Tag sehr gut und schön wird. Und spannend, gar nicht langweilig.

So verdammt langweilig ist das Leben nun auch wieder nicht -.

Ganz liebe Grüße
Dein
Dieter Pflanz

PS: Ob's mit Besuch noch klappt, weiß ich nicht. Frau Krämer ist oder will für einige Tage nach Leipzig zu einer Tagung über KINDER SCHREIBEN. Die Zeit vor Weihnachten könnte knapp werden.

* * *

22. Dezember

Lieber Herr Pflanz!

Fröhliche Weihnachten und ein gutes neues Jahr wünsche ich Ihnen und will mich nochmals für die Briefe und das Buch, die Sie mir während meines Krankenhausaufenthaltes geschickt haben, bedanken.

Für mich werden es ganz tolle Weihnachten sein: endlich wieder zu Hause! Gesund!

Ihre
Julia Bonnemeier

* * *

23. Dezember

Liebe Julia,

für das Weihnachtsfest und das neue Jahr wünsche ich Dir alles Gute, das Beste. Was immer das Beste nun sein mag -. Schmück Dir das Wort selbst aus! Also: das allerbeste Gute für Dich!

Auf jeden Fall schön, daß Du aus dem stachligen BULT-Schloß wieder raus bist. Du hast in diesem Jahr ja allerhand erlebt - hättest Du letztes Jahr um diese Zeit bestimmt nicht gedacht, daß Dir so viel bevorstehen würde. So kann's manchmal gehen. Vor schweren Krisen ist niemand gefeit, die können jeden, buchstäblich über Nacht anfallen. Nur machen die meisten Leute sich das nie klar, verdrängen so etwas immer.

Doch vielleicht ist es von Vorteil oder sogar ein Geschenk, wenn man die Krisen des Lebens schon in sehr jungen Jahren hat überwinden können: das macht Klarheit, Gelassenheit, Mut. Gibt Freiheit. Wahrscheinlich bist Du in diesen Monaten ein sehr freier Mensch geworden, freier, als es die meisten Menschen in ihrem ganzen Leben je sein werden - hast viel nachgedacht, viel erfahren, viel erlebt. Was soll Dir jetzt noch groß passieren können? Du bist frei und stark und souverän.

In der Anlage noch das Buch, aus dem die Auszüge in der Anthologie stammten. Das Buch gibt's im Buchhandel nicht mehr, ich hatte hier noch ein Exemplar liegen.

Es handelt von den jungen Jahren, in denen Du jetzt bist - von den Abenteuern des Denkens und Fühlens. Außerdem spielt das Buch hinter Eurem Haus, in dem Steinbruch, unter anderem, auf dem Weg 'Auf der Heide' und in Deiner Schule. Ich nehm's wenigstens an -. Es ist keine simple, 'grobe' Liebesgeschichte: handelt vor allem von den Denk-, Gefühlsabläufen beim Verliebtsein, Träumen etc. Es ist ein ironisches, spöttisches Buch - unter anderem über die Fallen, die die Gefühle einem so stellen.

Grade bei Dir, Julia, könnte ich mir vorstellen, daß Du den Spott und die Ironie und das Kopf-Kämpfen beim Lesen entdeckst und genießt. Weil ja Du selbst wohl auch schon oft in Fallen getappt bist, die Dir die Gefühle so gestellt haben...

Dein
Dieter Pflanz

* * *

Das neue Jahr begann, Briefe kamen nicht mehr. Im Februar etwa erzählte Frau Krämer auf der Straße, daß Julia immer noch nicht richtig gesund sei: müsse weiter zur Therapie, habe nun Probleme in der Schule mit ihren Klassenkameraden.

Im Frühling kam bei Aufräumarbeiten ein altes, hektografiertes Heft zum Vorschein: GESCHICHTEN AUS DEM KINDER-LITERATUR-CLUB. Das Deckblatt bedruckt mit lustigen Figuren: Purzelbaum schlagenden Kindern und Hasen, mit Monstern, Löwen, einem lesenden Kind auf einer Wolke. Unten rechts, ganz klein die Zeichnerin: Julia Bonnemeier.

Ach, der Dornentyp -, dachte er, begann im Heft zu lesen:

Julia Bonnemeier, 11 Jahre

DER WUNSCH

Es war einmal eine Frau, die war sehr unglücklich, weil sie so einsam war und keine Kinder hatte.

Eines Tages - sie saß gerade an ihrem Tisch und weinte wegen ihrer Einsamkeit - da kam ein kleiner Clown auf einem Monster angeflogen. Er landete auf dem Balkon und klopfte zaghaft an die Fensterscheibe.

"Hallo", sagte er freundlich, als die Frau die Balkontür öffnete.

"Hallo", sagte die Frau ebenfalls.

"Ich habe dich schon oft weinen gehört, und damit du glücklich wirst, hast du einen Wunsch frei", erklärte der kleine Clown und hielt ihr seine Melone hin.

"Einen Wunsch?" Die Frau überlegte nicht lange. "Ich wünsche mir, daß ihr bei mir bleibt."

"Das geht nicht", erwiderte der Clown, *"denn ich muß noch viele traurige Mütter glücklich machen. - Such dir doch ein Kind aus dem Heim aus! Die sind nämlich auch traurig, weil sie so allein sind und keine Angehörigen haben."*

Damit verschwanden Clown und Monster.

Die Frau rieb sich die Augen, zog ihren Mantel an und ging ins Heim, um ein Kind glücklich zu machen.

*

(mit selbst gemalten Bildern)

Frau Wellensittich flog aufgeregt im Wald umher. *"Wer hat mein Kind gesehen?"* rief sie.

Tante Wümmelmatz rief erschrocken: *"Kückchen ist gestern abend vom Fuchs gejagt worden! Hoffentlich ist ihm nichts passiert!"*

"Danke für den Rat", knarrte Frau Wellensittich und flog davon.

Sie flog zum Tante-Emma-Laden, wo Onkel Nagezahn bediente. *"Was möchtest du? Hirsebrei für Kückchen?"*

"Nein, ich möchte fragen, ob du Kückchen gesehen hast."

"Nein, aber ich habe es piepsen gehört."

"Danke schön", schluchzte Frau Wellensittich.

Onkel Nagezahn schenkte ihr zum Trost noch ein Freßpaket voll mit Hirse und anderen Nahrungsmitteln.

Als Frau Wellensittich bei allen Tieren gewesen war, machte sie sich große Sorgen. Kückchen war ihr einziges Küken, und deshalb wollte sie es nicht zulassen, daß der Fuchs es aß. Deshalb gab sie nicht auf. Ganz zum Schluß ging sie zur Robbe, einer alten Bekannten, und fragte sie nach ihrem Küken.

"Ja natürlich", entgegnete die Robbe, "habe ich Kückchen gesehen. Sie lief mit der Fuchsmutter und dem Fuchskind in den Fuchsbau."

Frau Wellensittich bedankte sich herzlich für die Auskunft und flatterte aufgeregt zum Fuchsbau. Sie fand Kückchen bei den Füchsen. Frau Fuchs hatte die spielenden Kinder Kückchen und Fuchsy im Arm. Frau Wellensittich war sprachlos. Das merkte die Fuchsmutter und sagte: "Entschuldigen Sie bitte, daß ich Ihnen nicht bescheid sagte, daß ich Ihr Küken habe. Ich wußte gar nicht, wem es gehört."

"Ja, aber...", stotterte Frau Wellensittich. "Haben Sie denn Kückchen nicht..."

"Nein, nein", unterbrach Frau Fuchs sie. "Ich fresse nur, wenn ich Hunger habe. Und Freunde von meinem Kind esse ich sowieso nicht. Sie haben es leichter als wir. Sie essen Hirse, Ameisen und Grashüpfer. Da fragt keiner nach. Doch wir mögen so etwas nicht und müssen schließlich auch leben."

Frau Wellensittich fand Frau Fuchs gar nicht mehr so böse und teilte mit ihnen das Lunchpaket von Onkel Nagezahn.

Die beiden Familien schlossen Freundschaft. Sie zogen zusammen und lebten glücklich beieinander.

Julia Bonnemeier, 11 Jahre

*

DAS GEFÄNGNIS

Wieder einmal hatte ich Krach mit meinen Eltern! Mutter stachelte: "Du - lügst mich an, du hättest alle Hausaufgaben gemacht? Dabei hörst du Musik und malst Garfields! Ich werde dir helfen..."

"...und du? Warst du denn nicht genauso früher? Entschuldige, natürlich nicht! Du warst das Musterkind persönlich! Und..."

"Du, gleich passiert was...!"

Da hatte ich genug! Ich ging mit erhobenem Kopf in mein Zimmer und drehte meinen Zimmerschlüssel um!

Ich warf mich erschöpft auf mein Sofa-Bett, um nachzudenken. Nach einer Weile sagte ich zu meinem Wellensittich: "Du hast es gut! Ich möchte gerne du sein!"

Da krachte es um mich herum. Mir wurde schwindelig und ich taumelte zwei Schritte zurück. Ich plumpste wieder auf mein Sofa.

Als ich aufwachte, war alles um mich herum vergittert. Ein lautes Geflüster schwirrte durch den Raum. Ich schaute mich um - und - schaltete. Ich war in meinem Vogelkäfig. Mein Wellensittich saß über mir auf einer Stange und glotzte mich blöde an. Wie sollte ich auf die Stange kommen? Da merkte ich erst, daß ich selbst ein Vogel geworden war. Ich hob meine Flügel und...flog! Nicki, mein Wellensittich, saß noch immer auf der Stange und begrüßte mich.

"Hallo", sagte er. "Gefällt's dir hier?"

"Nee", sagte ich bekommen, "dir etwa, Nicki?"

"Dreimal darfst du raten! Und nenn mich nicht Nicki! Sage ich etwa Ottilie zu dir?"

"Nee", erwiderte ich nochmals. "Was soll ich denn zu dir sagen?"

"Ottokar!" sagte Nicki stolz und plusterte sich auf. "Meine Freunde nennen mich Otti."

"Aha, Otti", lächelte ich.

"Wer hat gesagt, daß du mich Otti nennen sollst? Für dich immer noch Ottokar!" verbesserte Nicki-Otti mich.

"Wer sind denn deine Freunde?" fragte ich Otti.

"Die da", sagte Otti und zeigte auf die Fliegen, die am Fenster umherkrabbelten. "Hörst du sie nicht?"

"Doch, ja", erwiderte ich kleinlaut.

Nach einiger Zeit bemerkte ich, daß ich Hunger hatte. Ich fragte: "Darf ich etwas essen bei dir?"

"Wenn du etwas findest -", entgegnete Otti. "Ich habe schon seit Wochen nichts gegessen; vom Trinken ganz zu schweigen."

"Wie, wie hast du denn bis jetzt überlebt?"

"Tja, wenn meine Freunde nicht wären... Aber deine Mutter, die schimpfst du aus!"

Da wurde mir alles klar. Ich rief, so laut ich konnte: "Mutti, entschuldige!!"

Da war ich wieder Julia.

Julia Bonnemeier, 11 Jahre

*

Der vorbestrafte Fred, der - wie immer - kein Geld hatte, wollte seiner Freundin imponieren. Wie schon so oft ging er im Dunkeln zu einer Villa, stieg ein, nahm die Beute und rannte weg.

Am nächsten Morgen saß er, als ob nichts gewesen wäre, neben 'ihr' beim Frühstück. Hilde wußte nichts von dieser Geschichte. Sie lächelte ihm verschlafen zu, als er sein Brötchen nahm.

"Hast du heute keinen Hunger?" wollte sie wissen, als Fred sein Brötchen wieder auf den Teller legte.

"Doch!"

"Was ist denn? Bist du krank?"

"Nein, Mensch!" sagte er etwas gereizt.

"Was ist denn?" fragte Hilde, die sich nicht ganz sicher war, ob Fred krank war oder ob er nur schlechte Laune hatte.

"Ich - ich habe gestern etwas für dich gekauft", sagte Fred freundlich, ging in sein Zimmer und kam schwer beladen mit einem Ölgemälde wieder zum Vorschein. Hilde machte große Augen, als sie einen echten Van Gogh vor sich sah.

"Wo hast du den denn aufgetrieben?" fragte sie mißtrauisch.

Fred wurde rot. "Beim Altwarenhändler", entgegnete er zögernd, "unten am Markt."

Am nächsten Morgen blätterte Hilde in der neuen Zeitung herum. Ihre Augen fielen auf einen Artikel. Auf einmal wurde sie ernst. Sie musterte das Ölgemälde und schluckte.

"Fred", brachte sie hervor, "wo hast du das Ölgemälde her?"

Julia Bonnemeier, 11 Jahre

*

<u>*Aufgabe*</u>*: Aus den Wörtern*

     Adventskranzkerze, Akkusativ-Objekt, Bild, Blumentopf,   Bürgermeister, Gespenst, Graben, gut, furchtbar, Licht,   Nilpferd, Sohn und Uli

ist eine Geschichte zu machen.

DAS MERKWÜRDIGE GESPENST

Es war zur Adventskranzkerzenzeit. Wir lagen alle im Bett. Da klirrte es. Ich machte Licht und stand auf, um zu sehen, was los war. Das Bild, das an der Wand hing, war heruntergefallen. Da klirrte es abermals. Ich drehte mich schnell um. Der Blumentopf lag auch unten! Da sah ich ein Gespenst. Es guckte mich freundlich an.

"Hallo", gluckste es, "wer bist du?"

51

"Ich heiße Uli und bin der Sohn des Bürgermeisters. Und wie heißt du?"

Das Gespenst zuckte mit den Achseln. "Weiß nicht", flüsterte es.

Ich überlegte. "Ich weiß: Akkusativ-Objekt sollst du heißen."
Das Gespenst machte einen Purzelbaum vor Freude.

"Toll!" rief es, "das gefällt mir gut!" Nach einer Pause fragte es: "Hast du etwas zu spielen für mich? Mir ist nämlich furchtbar langweilig."

"Aha", rief ich böse, "deshalb hast du wohl den Blumentopf und das Bild umgeschmissen?"

"Ja", quäkte es schuldbewußt.

Dann lief ich in die Rumpelkammer, holte ein altes Gumminilpferd und schenkte es ihm.

"Danke", sagte das Akkusativ-Objekt-Gespenst überglücklich. "Danke. Ich komme morgen wieder. Tschüß", und es flog in Richtung Graben davon.

"Gute Nacht, Akkusativ-Objekt", gähnte ich und legte mich schlafen.

Julia Bonnemeier, 11 Jahre

*

VÖLLIG UMGEKREMPELT

So fing alles an: "Du hast schon wieder eine Fünf geschrieben! Muß das denn sein?" rief der Vater ärgerlich.

"Und deine Kleidung! Ich kann doch nicht immer waschen", stöhnte die Mutter und sah zu Klaus, der zusammengekauert und mit großen Augen auf dem Teppich saß, als würde er abgeurteilt.

Erika saß schmollend auf dem Bettrand, hielt die Puppe in der Hand und starrte auf den Boden. Sie hatte heute auch einen

52

Anschnauzer bekommen: Sie würde ja nie Mutter beim Abwaschen in der Küche helfen.

Jetzt hatte sie eine Idee! "Die Erwachsenen sollen bloß nicht denken, daß wir ihre Diener sind!" dachte sie verärgert. Sie schlenderte ins Wohnzimmer, wo Klaus sein Urteil empfing.

"Du, Mutti", schmeichelte sie, "wie wär's, wenn ich mal deine Mami bin und du mein Kind?"

"Was soll denn das?" wunderte sich Mutter.

"Bitte, Papa, machst du mit?"

Nach kurzem Überlegen willigten die Eltern ein.

Von nun an erledigten Vater und Mutter die Schularbeiten. Klaus mußte Geld verdienen, und Erika mußte den Haushalt führen. Alles, was sie kochen konnte, waren harte Eier, Brote schmieren und Würstchen kaufen. Nach einer Woche mochte keiner mehr Eier und Würstchen, Pommes oder andere Produkte aus dem Kiosk!

Klaus hätte nie gedacht, daß man bei der Arbeit, nämlich Verkäufer sein, rechnen müßte. Er brachte nicht sehr viel ein, denn die Käufer beschummelten ihn häufig. Und die freie Zeit hatten sie sich auch ganz anders vorgestellt. Erika mußte waschen, putzen, kochen, einkaufen und für die 'Schuleltern' sorgen. Klaus kam spät abends nach Hause und war froh, ins Bett zu können.

Weil Erika ja jetzt Hausfrau war, stand ihr nichts im Wege, sich zu schminken. Klaus wollte sich wie Vater die Pfeife anzünden, doch nach zwei Zügen ließ er es lieber bleiben, denn ihm war schon soo übel...

Nun war endlich Wochenende! Die Eltern saßen auf dem Fußboden, aßen Süßes und sahen fern. Da kamen Erika und Klaus zu ihnen und sagten: "Mutti, Pappi, seid doch wieder unsere Eltern! Wir wissen jetzt, wie schwer es ist, erwachsen zu sein." Aber die Eltern sagten nichts, schüttelten nur mit dem Kopf und aßen ungestört weiter.

Nun sind zwölf Jahre vergangen, und Klaus und Erika sind immer noch Eltern. Nur verhauen haben sie die 'Kinder' noch nie, denn sie könnten ja zurückhauen!...

Julia Bonnemeier, 11 Jahre

*

Der Dornentyp -, dachte er. Er hatte die Geschichten nicht gekannt. Das Heft war ein Muster gewesen für die Herstellung der neuen Broschüre des Kinder-Literatur-Clubs, an der er beteiligt war: hatte nur flüchtig durchgeblättert gehabt. Und wenige Tage später kam auf einmal wieder ein Brief.

* * *

Ostern

FROHE OSTERN...

...wünscht Ihnen und Ihrer Familie 'Dornröschen'.

Nachträglich möchte ich mich noch herzlich für Ihr Weihnachtsgeschenk bedanken. Ich habe mich in vielem, was in dem Buch stand, wiedergefunden, doch leider war ich in den letzten Wochen so mit mir beschäftigt, daß ich keine Zeit zum Schreiben fand. (Nicht, daß Sie denken, Dornröschen sei noch nicht recht wach). Ich muß nun ganz von vorne anfangen, d.h., neue Freunde suchen, weil mich die alten nicht mehr richtig verstehen und haben wollen, mit meinen Hobbies nichts anfangen, usw... Nebenbei muß ich noch eine Bronchitis und eine Magen- und Darmgrippe auskurieren, die mich sehr gefordert hatte. (Die letzten drei Wochen Schule hab' ich deswegen versäumt). Da tun Ferien richtig gut! Mal ein paar Tage verreisen, nur mit meiner Mutter, das werde ich nach Ostern, und dann muß ich wieder kämpfen - im Schulalltag...

Wenn ich doch der Osterhase wär...

Ihre Julia

* * *

12. Juni

Liebe Julia,

seit Wochen, Ostern liegt nun schon Dein lieber Brief auf meinem Tisch - als etwas, das unbedingt schnell beantwortet werden muß! -, und noch immer nicht habe ich geschrieben. Ich fand irgendwie keinen innerlichen 'Draht' zu Dir: war zu sehr mit eigenen Manuskripten beschäftigt und mußte die Steuererklärungen fertig machen.

Vor einigen Tagen habe ich Dir aber geschrieben. Ganz lang. Hinten von Schweden her - in Gedanken. Ich war die letzten Wochen in Schweden, und von einer Insel her, im großen See Stora Le, habe ich an Doch gedacht.

Du wirst meine Gedanken wohl empfangen haben. Bist bestimmt ein gutes Medium für Parapsychologie (Gedankenübertragung etc).

Und jetzt sitze ich zum ersten Mal nach über drei Wochen Urlaub vorm Computer und weiß nicht mehr, was ich Dir alles hatte schreiben wollen -.

Ich weiß sogar kaum noch, wie man schreibt. Die Tasten und Buchstaben sind alle irgendwie aus dem Hirn, den Fingern verschwunden - und dafür sind da noch immer nur Steine und Sand und Blumen und Wasser drin. Und Schwielen vom Paddeln.

In mir sind im Moment nur Schwielen. 'Lauter Schwielen an der Seele' - schreibt irgendwo Tucholsky. Glaube, in SCHLOSS

GRIPSHOLM. Übrigens eine Geschichte, die auch in Schweden spielt. Sehr schöne Liebesgeschichte.

Hat eigentlich gar keinen Zweck, Dir im Moment zu schreiben: weil ich noch nicht richtig hier und da bin. Das wird nichts Vernünftiges -. Doch ich wollte, muß Dir heute schreiben, weil übermorgen die Ferien drohen und ich befürchte, daß Du dann weg bist, um Dir selbst Schwielen zu holen. An den Stellen, wo Du Dir sie sonst im Jahr nicht holst.

Daß Du dem Wachsen der Schwielen an diesen 'artfremden' Stellen jetzt in den Ferien keinen Widerstand entgegensetzen solltest: das wollte ich Dir schreiben. Hinten von Schweden her. Daß Du diese <u>anderen</u> Schwielen <u>wollen</u> sollst.

Das weiß ich jetzt wieder. Aber sonst ist mein Hirn noch leer.

Mach Dein Hirn auch leer, jetzt in den Ferien! Das ist immer ein guter Rat. Nimm die 'Welt' mal wieder in die Hand, in den Mund, ins Auge, Ohr - wie wir das alle als kleine Kinder getan haben.

Das ist bestimmt ein guter Rat, wenn ich im Moment auch nicht beurteilen kann, ob er gut ist. Doch wir denken alle zu viel.

Also, kau mal auf der Welt.

Das wird heute nichts. Doch daß Du mal nach Schweden paddeln müßtest, habe ich bestimmt gedacht. Du müßtest Dich mal richtig körperlich anstrengen: einen Rucksack tragen, paddeln, schwimmen in einem ganzen See für Dich allein, Fische fangen, Bäume fällen. Damit Du vor lauter Anstrengung nicht nachdenkst: über Dich, das Drumrum. All den sozialen Scheiß - die Beziehungsgeflechte. Nur mal einige Wochen die Welt anrempeln! Anrempeln gehn.

Also: fahr nach Schweden.

Oder Irland.

Ganz sicher bring ich Dich irgendwie auch mit Irland in Verbindung. Das weiß ich bestimmt, daß ich das gedacht habe. Hinten allein auf meiner Insel. Du bräuchtest mal Irland. Zum Steinesammeln, Blumensammeln.

Und Wolkensammeln. Regensammeln.

Himmelslichtsammeln.

Hast Du nicht jemanden, mit dem Du dahinfahren könntest ?

Herzliche Grüße
Dein
Dieter Pflanz

* * *

15. Juni

Lieber Herr Pflanz,

Danke für Ihren Brief!

Ich habe, genau wie Sie es getan haben, in den letzten Wochen mehrmals an Sie gedacht, und deshalb fange ich wohl auch langsam an, an Parapsychologie zu glauben, denn sonst würden Sie bestimmt nicht immer auf meine Gedanken kommen und sie aufschreiben, so daß sie mir bewußt werden. Doch schreiben, dazu war ich nicht fähig.

Mit meinen Gedanken habe ich gekämpft; gewonnen habe ich noch nicht; im Moment ist 'Waffenstillstand'.

Viele Gedanken müssen noch begraben werden, liegen im Moment regungslos dar, hoffentlich sterben sie... (Die Gedanken!). Sie wollen bestimmt wissen, an was ich gedacht und gegrübelt habe:

Erst einmal war ich enttäuscht und wütend, sogar sehr traurig, über meine Mitschüler; denn sie sind unreif, gemeine Kameradenschweine und wollen immer jemanden fertigmachen!

Ob es nun Lehrer sind oder Außenseiter. Und weil ich meiner Meinung treu geblieben bin und mich auch um die Außenseiter der Klasse gekümmert habe, bin ich selbst der Abfallhaufen der Aggressionen meiner Mitschüler geworden. - Gut, es haben zwei Leute zu mir gehalten, wenn auch distanziert, um sich nicht selber 'schlecht' zu machen.

Doch ich bleibe bei meinen Meinungen und will mich auch nicht zu irgendwelchem politischen Kram äußern (besser gesagt, ich bin parteienlos und soll gezwungen werden, irgendwelche Meinungen, die ich nicht habe, zu äußern, Lehrer, mit anderen Meinungen, zu peinigen, sie fertigzumachen).

Manche sind auch neidisch, weil ich, trotz des Fehlens, noch immer recht gut in der Schule zurechtkomme, ohne ein Streber zu sein.

Und wenn ich auch beide Augen zudrücke und meine Zähne zusammenbeiße, Tatsache ist:

Ich gehöre nicht dazu!

Dieses war (ist) das erste Problem, dieses folgt noch außerdem: Ich fühle mich irgendwie von allen Leuten beschissen! Als ich sterben wollte, im Krankenhaus damals, da haben mir alle das Leben schmackhaft gemacht, nun bin ich wieder draußen, und alles ist blöder als es je war!!!

So habe ich mit diesen Gedanken, die übrigens sehr kurz zusammengefaßt sind, ganze Schlachten gefochten. Da hat sich noch alles auf meinen Magen ausgeschlagen! Vor der Schule und in der Nacht wurde ich von starken Bauchschmerzen und Durchfällen geplagt, nach der Schule war alles weg, auch am Wochenende fehlten die Schmerzen. Deshalb kommen die Ferien gerade recht! Denn Sie haben recht. Ich brauche etwas, damit ich alles vergessen kann! Selbst habe ich auch oft an diese Lösung gedacht! (Parapsychologie!)

Doch am 9.Juli fahre ich erst einmal wieder an die Ostsee. Sonst waren wir immer noch segeln, in Dänemark, haben an einsamen Inseln geankert, Steine gesucht, etc., doch mein Bruder kann dieses Jahr nicht mit, und alleine, mit meinen Eltern, wo mein Vater im Moment starke Rückenschmerzen hat, die seit Februar nicht weggehen, klappte es nicht. Schade! Doch in Timmendorf werde ich auch 'rempeln' gehn! Dort habe ich einen Freund, mit dem ich zusammen allerhand auf die Beine bringen kann!

Mit Schweden oder Irland muß ich erst noch mit meinen Eltern reden.

Auf alle Fälle: etwas anderes tun, als nachzudenken, über allen möglichen Kram. Ein dickes Fell zu kriegen, und mich nicht gleich auf alles angesprochen fühlen. Manchmal komme ich mir vor, als wäre ich mein eigener Psychiater und noch der der anderen!!!

Und wenn ich male, das einzige, wozu ich im Moment Lust habe, denke ich nur viel stärker und male das ganze noch ins Bild hinein; das ist so, als ob man leicht angetrunken ist, Meditation. Man ist das Bild selbst, was man malt. - Es hört sich komisch an, ist aber wahr! Und hinterher ist man total fertig, möchte schlafen, träumt, wenn überhaupt nur noch davon, was man malt = denkt, selbst wenn das Bild fertig ist, malt man innerlich noch weiter, oder noch einmal das gleiche, denkt, wieder und wieder, hat einen dicken, surrenden Kopf und ist zwei Tage nicht in der Lage, ein neues Bild zu malen!

Körperlich arbeiten, daß muß ich. Aber es wird etwas Überwindung kosten! Wenn schon, sterben werde ich nicht dran!

Tschüß, bis zum nächsten Brief!

Ihre
Julia Bonnemeier

* * *

16. Juni

Liebe Julia,

hab Dank für Deinen langen Brief. Steht allerhand drin! Wenn's Dir auch noch nicht wieder ganz gut geht, scheint's Dir doch auch nicht ganz schlecht zu gehen - und das ist vielleicht schon was. Positives.

Daß Du jetzt Schwierigkeiten hast mit dem normalen sozialen Umfeld (Deine Schulklasse, früheren Freunde - vielleicht auch mit der Familie: Oma, Opa, alte Erbtante, Cousinen etc), war zu erwarten. Das gehört zum natürlichen Wachstumsprozeß, besser vielleicht sogar Lebensprozeß. Du bist im letzten Jahr enorm 'gewachsen' - während die anderen mehr oder weniger stehngeblieben sind, sich vielleicht sogar zurückentwickelt haben. Ihr seid auseinandergedriftet: und darin liegt eine gewaltige Spannung.

Du hast im letzten Jahr sehr sehr viel nachgedacht, über das Leben, den Tod, die Welt - Du bist reif, ganz erwachsen geworden. Erwachsener als es die meisten Erwachsenen je sein werden! Wenn Dein Körper vielleicht auch noch nicht ganz erwachsen ist: doch Dein Hirn ist es, Dein Denken, Fühlen

60

(meinetwegen auch: Deine 'Seele', wenn ich dieses Wort auch nicht gerne benutze).

Der Mensch ist ein Lernwesen. Doch die meisten Menschen lernen wenig, fast nichts. Außer einer gewissen 'Schablonentechnik' - äußeres Anwendungswissen, das sie über die Runden kommen läßt - fast nichts. Das ist irgendwie trostlos, sogar sehr, doch nicht zu ändern. Das muß man akzeptieren, ohne innere Verspannung, Erbitterung. Vielleicht gehört zur wirklichen Reife: die Unreife der meisten Menschen gelassen hinzunehmen.

Du hast ganz andere Wege eingeschlagen - und nicht nur seit dem letzten Jahr. Nach meinem Eindruck bist Du schon vor langer, langer Zeit auf völlig andere Reisen gegangen, als es die meisten Menschen tun. Du bist kein Mitschwimmer (mit der Menge der Menschen), sondern ein 'Kundschaftertyp'. Du holst Dir Deine Orientierung nicht aus dem sozialen Umfeld (den Bewegungen, Normen des richtig/falschen Verhaltens im sozialen Umfeld), sondern aus Deinem Denken.

Ich bringe immer noch - und ganz stark! - das Wörtchen 'souverän' mit Dir in Verbindung, Daniela Lederstrümpfin... Will ich mir auch nicht austreiben lassen, diese Meinung.

Du gehst einen Weg. Wohin Dich dieser Weg führt, weiß ich nicht - doch es scheint mir ein guter Weg zu sein. Dies ist meine gefühlsmäßige Sicherheit: daß es ein guter Weg ist! Und deshalb sehe ich Dir irgendwie gespannt zu. Lächelnd gespannt entspannt.

Natürlich macht ein solcher Weg, wie Du ihn gehst, wohl gehen mußt, einsam. Julia, ich verstehe Deine Sehnsucht, irgendwo dazuzugehören: zum Normalen, 'Gewöhnlichen'. Das ist mir auch immer so gegangen. Die Sehnsucht nach den "Blonden, Blauäugigen, den Hans Hansen und Ingeborg Holms": denen das kreatürliche Leben (anscheinend) so leicht fällt (wie Thomas Mann das in seinem TONIO KRÖGER beschreibt). Die Sehnsucht, ein Mensch zu sein, dem das Leben leicht fällt, für den alles einfach ist: der das Leben hinnimmt, ohne groß nachzudenken, der in der Gesellschaft Stellung und materielles Auskommen hat, Freude, Spaß, der Unmengen Freunde hat, der ißt, trinkt, liebt - dem alles ganz einfach von der Hand geht, ohne Probleme.

Diese Sehnsucht verstehe ich schon. Doch nicht jeder kann so etwas erlangen. Manches im Leben kann man nicht erzwingen. Und dann weiß ich auch nicht, ob ein solches Leben wirklich wünschenswert ist. Vielleicht scheint's einem nur so leicht, erstrebenswert: weil man in sich ganz andere Strukturen aufgebaut hat, die natürlich manchmal drücken, weh tun. Und die 'Einsamkeit' löst sich auf, wenn man gute Beziehungen zur 'Welt' aufbaut. Deshalb hatte ich gemeint, daß Du die Welt mal wieder ganz direkt in den Mund, die Hand, das Auge, Ohr nehmen sollst, wie das die kleinen Kinder tun ohne Umweg übers Hirn. Über die Hirnrasterverarbeitungssignale.

Dein

Dieter Pflanz

PS: Du scheinst mir ein Magentyp zu sein - der vieles oder alles mit dem Magen verarbeitet, besonders Ärger. Ist gefährlich und vor allem schmerzhaft.

Solchen Gewohnheiten - und es sind gelernte Verhaltensweisen! - kann man manchmal mit Atmung entgegenarbeiten, die man auch trainieren kann. Versuch mal, mit dem Bauch zu atmen: beim Einatmen Bauch raus (und nicht Brust)! Mach das mal ganz bewußt, bis es als Rhythmus im Körper ist. Das Zentrum der Person sitzt irgendwie im 'Sonnengeflecht', Solarplexus (kurz überm Bauchnabel, wo alle Blutgefäße zusammenlaufen).

Den meisten hat man im Laufe der Jahre die falsche Atmung beigebracht - kleine Kinder atmen noch richtig. Wenn Du Magenschmerzen hast, einfach versuchen, die Atmung in den Bauch zu ziehen (Bauch dich machen)! Dann sind sie meistens schnell weg.

2.PS: In Bielefeld läuft im Moment, bis 30.6., eine Ausstellung von Hugo Kükelhaus (im Park hinter der Ravensberger Spinnerei). Das sind ganz seltsame Objekte: z.T. Maschinen, die physikalische Gesetze verdeutlichen, tibetanische Gongs, 'Summsteine', Riechbanken etc. Das ganze zielt darauf ab, unsere verkümmerten Sinne neu zu stimulieren. Das ist unwahrscheinlich spannend! Ich habe den alten Kükelhaus vor etlicher Zeit noch persönlich, hier im Jugendhof, mal kennengelernt. Der konnte erzählen, über den Unfug unserer Welt, daß einem Mund und Nase offen stehen blieben! - Wenn Du's irgendwie schaffst, solltest Du diese Ausstellung besuchen. Nimm irgendwen mit - das ist für jeden ein Erlebnis!

* * *

24. Juni

Lieber Herr Pflanz!

Ich genieße im Moment die Ferien in vollen Zügen, sogar die Schwielen, von denen Sie mir berichtet haben, holte ich mir. - Allerdings nicht von etwas sehr Schönem; zur Freude meiner Ziegen mistete ich, bei Regen, den Stall derer aus. Nachdem meine Hände, durch die glitschige Forke, voll lauter Blasen und Schwielen waren, arbeitete ich schließlich mit bloßen Händen, ohne sie, im Ötje-Dreck weiter, faßte, beim Transportieren der Ziegenscheiße, in ein Brennesselnest, schmierte mich daraufhin mit dem Mist voll und verzog mich, nach dieser Arbeit, schleunigst im Badezimmer. - Wortwörtlich ein Scheißtag!

Die letzten Nächte verbrachte ich im Zelt, welches ich mitten im Garten aufgebaut habe.

In der Nacht unternehme ich dann Expeditionen ins Tierreich: Glühwürmchen fangen, die dann das ganze Zelt beleuchten!, Igel, Mäuse und sonstigem Getier auflauern etc.

Das schönste bei diesen Übernachtungen ist, daß meine Fantasie mit mir durchgeht.

Ich stelle mir Wesen vor, Feen, die bösen oder auch guten Geister, Gnome, Vampire, vieles mehr.

Dann denke ich mir Geschichten über sie aus und tue so, als ob nur ich diese Wesen kenne.

Eigentlich erzähle ich das niemandem, denn es versteht kaum jemand etwas davon, sich einfach Dinge vorzustellen, ohne Sinn und Bedeutung wissen zu wollen.

Doch ich glaube, daß Sie das auch ab und zu tun, denn sonst würden Sie ja keine Geschichten (sogar Bücher) zustandebringen!

Apropos Expedition ins Tierreich: Irgendwann, wenn ich älter bin, möchte ich mal, ganz allein, nach Norwegen (in die Tundra/ Taiga) oder dort hin, wo niemand sonst ist, und nach Verhaltensweisen irgendwelcher Tiere forschen, sie zeichnen, über sie schreiben...

Wahrscheinlich nur ein Wunschtraum, der sich nur schwer verwirklichen läßt:

1) Ich bin noch nicht 18, habe Schule und

2) bin ich ein Mädchen. (Der Alptraum meiner Eltern wäre: Ich allein in der Wildnis...)

Das Problem Schule habe ich erst einmal in die hinterste Schublade meines Hirnkastens, unter all den anderen unangenehmen Dingen begraben und hoffe, daß ich sie in der ganzen Gedankenunordnung der Ferien nicht mehr wiederfinde!

Recht haben Sie, ich muß mich mit der Art der Anderen abgeben.

Versuche ich auch, doch wenn ich dabei ständig die Zielscheibe spielen muß, halte ich das nicht aus!

Sie schrieben, es gehöre (vielleicht) zur wirklichen Reife, die Unreife der Anderen gelassen hinzunehmen, aber die Anderen nehmen mich ja nicht gelassen hin. Das ist wohl so'n Teufelskreis: Wie du mir, so ich dir, wenn ich dir aber nicht so bin, dann geht's erst recht rund!!!

Nun ja, wenigstens hatte ich während dieser 'Tiefs' ein paar echte Freunde an meiner Seite - die 'stummen Kreaturen'.

Es hört sich vielleicht komisch an, der Freund, das Tier, aber es kann kaum jemand besser zuhören (vom Tratschen, Petzen etc. ganz zu schweigen). (Es braucht ja nicht unbedingt ein Fisch, 'ne Spinne oder ein Regenwurm zu sein, dem man seine Psyche anvertraut...)

Ich glaube, schon diese ersten Ferientage haben mich etwas verändert. Bin etwas fröhlicher geworden, fühle mich körperlich (und seelisch) fitter und stärker, habe (endlich) wieder Lust, etwas zu unternehmen.

Kanufahren, das wäre jetzt das Richtige für mich!

Aber ich glaube, nicht nur die Ferien, auch der Sommer ist es, der mich munter macht.

Der Staub des Winters, der Zeit des Stubenhockens (Krankenhausliegens), ist vorbei, wird abgewaschen!

Wenn ich jetzt übernatürliche Kräfte bekommen würde, es würde mich nicht wundern! Jaja...Fühlingsgefühle im Sommer oder so ähnlich, nenne ich das...!

Übrigens, neulich habe ich meinen Zopf abgeschnitten, nicht zu viel, aber immerhin etwas (meine Haare sind nun schulterblätterendenlang). Der Überrest liegt nun zwischen meinen Lexika und Schulsachen, als Antiquität (zum Wegwerfen zu schade, 50 cm).

Ach, und noch etwas: meine Bauchschmerzen sind weg! Ganz von alleine, ohne Übungen und Medizin.

Ihr Rat hat sich (unbewußt) bewährt:
Ich habe die Welt direkt in
a) den Mund (Kirschen, Radieschen, Walderdbeeren (vom Friedhof), sonstige eigene Beeren aus unserem Garten)
b) die Hand (Ziegenmist)
c) das Auge (Expeditionen aller Art)
d) das Ohr (nachts im Zelt, eigentlich immer)
...genommen!!!

Nun ja, meine Depressionen sind auch in den Ferien...
Mir geht's gut, im Moment!
Moral: Laune gut, alles gut!

Also, viel gute Laune wünsche ich Ihnen in den Ferien (zumal, wenn Sie welche haben; aber bei der Arbeit kann sie ja auch nicht schaden)!

Ihre
Julia Bonnemeier,

die sich auf Vaters alter Schreibmaschine geübt hat. Bitte übersehen Sie meine Fehler, Sie wissen ja, ich lese lieber nicht noch 'mal durch!

P.S.: Mich verblüffte es wieder einmal aufs neue:

Schreibe ich, ohne es zu wissen, so viel von mir, ist es Parapsychologie, haben viele Leute solche Gedanken wie ich, oder wissen Sie, ganz einfach, über mich bescheid? (Um es zu erfahren, lese ich lieber doch meine Briefe erst durch, aber weil ich das hasse, lasse ich es bleiben!)

2. PS: Ich habe, seit langem wieder einmal, eine Geschichte geschrieben, und weil Sie mir so viele geschickt haben, möchte ich Ihnen auch einmal eine schicken.

EINTOPF

Es gab wieder mal Eintopf, ein Zeichen dafür, das Mutter schlechte Laune hatte.

Ihre Laune spiegelte sich immer im Essen wider.

Heute schien es besonders schlimm zu sein, denn statt einer Suppenschüssel wurde mir der ganze Topf vor die Nase gesetzt.

Schwungvoll knallte sie mir die Grütze auf den Teller, so daß der Brei an den Seiten hochschwappte.

"Kannst du nicht einmal pünktlich sein?" raunzte sie mich geistesabwesend an und schob mir den Teller mit beängstigender Wucht zu. "Wir haben schon gegessen!"

Trotzdem füllte sie sich auch etwas auf und begann zu essen. Der Eintopf begann sich vor meinen Augen, zu giftiger, schleimiger Brühe zu verwandeln.

Die Erbsen und Bohnen wurden zu dicken Pusteln, die ich voller Ekel mit der Gabel zerdrückte. Dabei dachte ich unaufhörlich an Eiterpickel, so daß mir das Essen unmöglich erschien.

"Sag bloß, du magst das nicht! Es wird ja immer schöner mit dir! Der Teller da...", damit zeigte sie auf meinen, "...wird aufgegessen, basta!" Ich erinnerte mich an Odysseus' Helden-

sagen, an Circe, die alle Krieger mit ihrem Essen in Schweine verwandelt hatte.

Der Bissen Suppe, den ich mir tapfer in den Mund gesteckt hatte, blieb mir im Hals stecken. Das Zeug konnte ich niemals schlucken! Angewidert, mit dem Brei im Mund, saß ich da und stocherte weiter in den Akneebergen mit Kuhfladenfarbe herum, dachte an Hähnchen, Nudeln, Pfannekuchen und daran, wie ich das Essen hinter mich bringen konnte.

Schließlich hatte ich eine Idee: Ich fragte meine Mutter, ob ich aufs Klo gehen dürfte, nachdem ich mich dazu errungen hatte zu schlucken, verschwand schleunigst im stillen Örtchen, öffnete das Fenster und rannte weg. Doch bald darauf wurde mir bewußt, daß ich kein Geld bei mir hatte, und die Hähnchen verschwanden aus meinen Gedanken...

Nach Hause zurück konnte ich nicht mehr, denn außer dem Eintopf würde es einen Riesenkrach geben, der mir allerdings lieber war, als jener Schlangenfraß!!!

Irgendwie fühlte ich mich verraten, ausgeliefert und vom Schicksal gepeinigt. Sollte ich mir Geld leihen oder von Beeren und sonstigen Früchten meinen Hunger stillen?

Ich entschied mich, ein paar Freundinnen zu fragen, doch die erste war nicht zu Hause, die zweite war zu geizig und die dritte meinte, ich schulde ihr sowieso noch etwas, bevor ich meine Schulden nicht beglichen hätte, könne ich auch nichts von ihr erwarten! Schöne Freunde!!!

Nun war ich auf mich angewiesen, doch was sollte ich tun? Von dem Gedanken an die kalte Suppe graute mir.

Beeren sammeln, ein sehr sättigendes Gericht!

Hungrig schlenderte ich den Pfad entlang, der zum Wald führte. Hier und da wuchsen Walderdbeeren, die noch nicht richtig reif und deshalb bitter waren. Ein Dutzend Himbeeren vermochten auch nicht gerade, meinen Magen zu füllen. Schneller als ich dachte, saß ich auf dem alten Kirschbaum, pflückte und spuckte, bis ich meine Mutter erspähte, die mit Apfelpflücker und Eimer beladen zum Zaun ging, um sich ebenfalls an den Kirschen zu vergreifen.

Noch hatte sie mich nicht gesehen, so konnte ich vorsichtig versuchen, mich an der anderen Seite des Baumes hinabzulassen, um unbemerkt im Gebüsch zu verschwinden.

Sollte ich versuchen, das Risiko einzugehen und ins Haus zu schleichen, um Geld zu holen. Es würde sicherlich klappen, und so käme ich doch noch zu meinem Mahl.

Geduckt schlich ich durchs Gebüsch, kletterte an der Stelle über die Mauer, an der mich Mutter nicht sehen konnte, stahl mich lautlos ins Haus und begann, nach meinem Geld zu suchen.

Hatte ich es nicht an meine Garderobe gelegt, die zwanzig Mark von meiner Tante? Zu meinem Schreck hörte ich Schritte hinter mir. Die Tür öffnete sich, scheiße!

Meine Oma steckte den Kopf durch die Tür. Hatte sich mein Schicksal doch über mich erbarmt? Die gütige Oma, die doch immer ein gutes Wort für mich einlegen konnte, war meine Rettung!

"Ich habe Hunger...", begann ich. "Hast du noch etwas Süßes für mich?"

Sie fiel prompt darauf rein und schickte mich in ihr Zimmer. Da war ich erst einmal in Sicherheit, hatte ein tadelloses Alibi! Endlich wurde auch meine Gier nach Eßbarem gestillt.

Doch meine Unruhe wurde mit der Zeit immer größer.

Der bevorstehende Ärger machte mich nervös.

Warum hatte Mutter auch so schlechte Laune in letzter Zeit? Früher war sie nie so...auch Oma wirkte angespannt, verschlossen. Vater war auch viel stiller geworden. Auch er war ernst und wich meinen Blicken aus. Nur die nötigsten Worte wurden miteinander gewechselt.

Weshalb?

Sonst hatte Vater nur nach mißglückten Fußballspielen des deutschen Teams (seinen Favouriten) schlechte Laune, meine Mutter höchstens bei politischen Mißerfolgen ihrer Partei.

Endlich kam Mutter ins Zimmer. Ihre Augen waren gerötet, in ihrer Hand hielt sie, zu meiner Verwunderung, ein Glas Cognac. "Ich muß dir etwas Wichtiges sagen", flüsterte sie und leerte ihr Glas in einem Zug aus.

Kein Anschnauzer? Das machte mich noch nervöser, als ich ohnehin schon war. Irgendetwas war doch nicht in Ordnung!

"Der Papa und ich, wir wollten es dir schon längst sagen. Wir...wir halten es für besser", sie schluckte, "wenn wir, das heißt, Papa und ich, uns trennen."

Der Satz hing wie eine Wolke über uns. Nun war es also heraus. Deshalb die schlechte Laune, der Erbseneintopf, die kargen Worte. Ging das nicht anders, hätten sie nicht vorher mit mir darüber sprechen können?

Auf einmal bekam ich ungeheuren Hunger auf Eintopf.

"Bitte, ich eß alles von heut' mittag auf, wenn ihr nur zusammen bleibt!" Fast schämte ich mich, so etwas Kindisches gesagt zu haben. Damit machte ich es nur noch schlimmer! Und doch wollte ich den Eintopf essen.

"Willst du zu mir, oder zu deinem Vater?"

Das war genug! Im Boden versinken, das wollte ich.

Mit Mühe versuchte ich, Haltung zu bewahren. Bloß nichts anmerken lassen! Stark bleiben! Was die können, das kann ich auch!

"Schön für euch", brachte ich hervor. "Ich bleibe bei Oma!"

Dann rannte ich aus dem Zimmer, brach in Tränen aus und verschlang schluchzend den restlichen Eintopf.

* * *

Liebe Julia,

Dein dickes Briefpaket grade hat mich ganz aus der Bahn geworfen. Genauer: aus einem Manuskript im Computer - war grade am Korrigieren vorm Bildschirm. Aber nichts Wichtiges, nur Reisebeschreibung über vorvorgestern: die letzte Tour, da oben, hinten in Schweden.

Deine Geschichte ist großartig - die ist mir richtig unter die Haut gegangen. Du hast ein verdammt scharfes Gehirn, Dornentyp! Richtig schön, macht mir Herzklopfen -. Die Geschichte echt oder ganz erfunden?

Oder ist das indiskret, danach zu fragen?

Doch Schreiber sind nun mal indiskret. Versuchen immer, die verschiedenen Schutzwälle zu durchbrechen, um zu den Dingen hinter den Dingen zu gelangen.

Ganz schnell - muß gleich zum Augenarzt, Netzhautuntersuchung, Atropineinträufelung. Danach habe ich riesige Pupillen und kann Dir nicht mehr schreiben, bin dann den ganzen Tag außer Gefecht gesetzt.

Den Schluß hätte ich bei Deiner Geschichte nicht erwartet - war auf ganz etwas andres eingestellt. - Deine Geschichte möchte ich mal einem mir bekannten Redakteur einschicken. Darf ich?

Mir gefällt, daß Du Ziegen hast, Frösche, Fische, Vögel. Und daß Du segeln gehst, zelten - wenn auch nur im Garten. Du bist ein kluger Mädchentyp: hast sehr viel 'Welt' um Dich herum aufgebaut, die Dir immer wieder Balance gibt. Dich in Balance zurückwirft, zurückboxt. Doch auch Deine Eltern sind klug, daß sie Dir soviel 'Welt' ermöglichen.

Ich weiß nicht, ob Du so viel von Dir erzählst. Einiges schon. Und ein bißchen weiß ich natürlich von (jungen) Menschen, Kindern. Bin ja nicht umsonst hoffnungsloser Schreiber geworden, hab wohl ziemlich viel nachgedacht. Und früher bin ich auch viel mit Kindern zusammengekommen.

Die Probleme, die junge Menschen haben, sind oft gar nicht so verschieden. Und dann ähneln wir beide uns wohl auch ein bißchen - vielleicht sogar ein bißchen viel, Dornentyp. Wir haben uns beide wohl ständig oder halb ständig davongemacht: mit Hilfe der Phantasie -.

Ob Du's glaubst oder nicht: auch ich habe mich damals in den jungen Jahren immer nach der Tundra, Taiga gesehnt, nach der Gesellschaft von Bäumen, Tieren etc. Die Menschenleere!

Zeigefinger!!! Warnend: die Abwesenheit von anderen Menschen.

Das stimmt: als Mädchen kann man vieles nicht so leicht unternehmen. Das ist manchmal schade. Doch nicht schade ist, ein Mädchen zu sein! Man, frau muß nur versuchen, die Klippen zu umgehen: z.B. den richtigen, starken Freund sich suchen und mit ihm zusammen die Reisen unternehmen, oder zusammen mit einer Gruppe. Oder Karate lernen, Schießen, andere chinesische Kampftechniken.

Aber vielleicht müssen wir Dich mal mitnehmen. Kanufahren, laufen - oben hinten im Fjäll, in Lappland, Karelien.

Mein Sohn ist im Moment Zivi - in einer biologischen Station, hinten bei Minden im Moor. Wildvögel zählen, beringen, schützen: Störche, Brachvögel etc. Der hat mich schon ewig aufgefordert, ihn mal besuchen zu kommen, damit er mir diese Vogelschutzgebiete zeigen kann. - Hättst Du da nicht Lust, mal mitzukommen? Wir müßten bis Minden mit dem Bus fahren, zurück würde uns Thomas abends wohl bringen.

Was hältst du davon?

Du hast ja sowieso nichts zu tun, jetzt in den Ferien. Und ich sitze auch hier oben allein, meine Frau ist am Wochenende an die See nach Mecklenburg gefahren. Ich paß hier auf den Hund auf, aufs Haus.

Wenn Du nichts Besseres zu tun hast, kannst Du mich aber auch mal besuchen kommen. Oben an der Jugendherberge. Vormittags schreibe ich, nachmittags gehe ich immer mit dem Hund raus. Oben auf die Ödenegge. Wenn Dir das nicht zu langweilig ist -. Ich habe aber kein Auto, Du müßtest irgendwie zu Fuß kommen. Oder bist Du zu schwach dazu?

Liebe Grüße
Dein
Dieter Pflanz

* * *

27. Juni

Lieber Herr Pflanz!

Wie immer freue ich mich über jeden netten Brief!

Die Geschichte ist frei erfunden, obwohl ich vielleicht, ganz unbewußt, ein paar Dinge aus meinem Bekanntenkreis der 'Realität' beigemischt habe.

Zum Beispiel soll das Ganze in meinem Haus, meiner Umgebung ablaufen...bei Mutti und Vati ist aber alles in Ordnung, in bester Ordnung, zum Glück!

Auch haben die Eltern der Geschichte völlig andere Charaktäre als die meinigen!

Oma ist allerdings genau so dargestellt.

Genau wie Sie dachte ich am Anfang auch an einen ganz anderen Schluß der Geschichte, einen, der besser zum Inhalt gepaßt hätte, aber das fände ich langweilig.

Klar dürfen Sie die Geschichte irgendsoeinem Redakteur schicken, aber bitte verbessern Sie vorher die Rechtschreibefehler, sonst schäme ich mich nachher noch (denn ich schrieb diese Geschichte auf die Schnelle, ohne groß auf Fehler, Wiederholungen, Ellipsen etc zu achten).

Daß ich vieles mit Ihnen gemeinsam habe, merkte ich schon (bzw. erst), als Sie mir das Buch 'Probeläufe' zu Weihnachten schenkten.

Dieser Junge hatte sehr viele Gedanken, die ich mir auch machte, Verhaltensweisen, die mir auch sehr bekannt vorkamen. Als er dann seine Briefe auch nicht nachlas, wie ich es Ihnen zuvor berichtet hatte, wurde es mir erst richtig bewußt.

Daß Sie mich 'mitschleppen' wollen, ob es nun Lappland oder im 'Mindener Moor' ist, finde ich sehr nett von Ihnen! Klar, Lust und Zeit hätte ich.

Auch würde ich Sie gerne besuchen, wenn es Ihnen nicht zu lästig wird.

Oben an der Burg bin ich sowieso öfters mal (und nach den Ferien werde ich zweimal in der Woche, beim Malkurs mit dem Ehepaar Poole, dort oben sein). Schwach, das bin ich wirklich nicht mehr, auch wenn das manche Leute meinen.

Schulsport brauche ich zwar nicht mitmachen, nur wenn ich Lust dazu habe und mich dementsprechend fühle.

Aber da schwänze ich lieber den Sport und "fühle mich nachmittags zufällig wieder fit", zum Schwimmen usw.

Ich fühle mich eben nicht mehr schwach und möchte auch nicht als dieses bezeichnet werden.

Besonders kräftig fühle ich mich gerade, wenn ich nach der wöchentlichen Vitaminspritze, die ich bis nächste Woche bekomme (wegen so 'ner blöden Bronchitis, die nicht verschwinden wollte), aus der Praxis flüchte.

Also, den Weg zu/ von Ihnen werde ich wohl irgendwie überwältigen.

Allerdings fahre ich vom 9.7. bis 27.7. an die Ostsee.

Sie müssen mir nur sagen/ schreiben, wann es Ihnen paßt.

Ich bin im Moment im Schreibefieber, schreibe gerade wieder 'ne Geschichte. Wenn sie fertig und einigermaßen lesbar ist, schicke oder gebe ich sie Ihnen persönlich.

Ziemlich lustig, Ihr Sohn ist Zivi, mein Bruder wird bald auch eingezogen, zu den Sanis nach Hamburg.

Endlich sturmfreie Bude, die Nachteile bedenke ich erst gar nicht, es wird aber bestimmt auch welche geben.

Übrigens, ich brauche keine Karate zu lernen, denn ich habe meinen Gelben Gürtel im Judo!

In der Grundschule war ich mal im Judoverein, bis ich vor drei Jahren keinen gleichstarken Gegner mehr hatte.

Die einen waren zu klein und zu schwach, die Überzahl zu groß und zu stark. Bin freiwillig gegangen. Kämpfen tue ich sowieso nicht mehr gerne. Kämpfe lieber mit Worten oder gar nicht. Eine meiner Schwächen, ich lasse all den Ärger in mich hineinfressen, bis es mir auf den Magen, den Kopf schlägt. - Tut meinem Geist nicht besonders gut, na ja.

Gestern habe ich eine Nachtwanderung gemacht:

Bin über den Zaun geklettert und dem Wald entgegengelaufen, bis mir einfiel, daß meine Eltern noch gar nicht im Bett, sondern vorm Fernseher saßen und noch mal vorbeischauen wollten.

Gott sei Dank bemerkten sie nichts, so daß ich (allerdings im Garten) weiter herumstöbern konnte.

Haben Sie schon mal auf 'nem Dutzend Glühwürmchen geschlafen? Dann wissen Sie nicht, was es für ein Gefühl ist, wenn man morgens in die Hosentasche greift und feststellt, daß man die Tiere vergessen hat herauszunehmen. Das konnte wieder nur mir passieren!

So, nun muß ich Schluß machen, weil ich in die Stadt muß und den Brief gleicht mitnehmen kann.

Bis demnächst,
Julia Bonnemeier

* * *

1. Juli

Liebe Julia,

das habe ich mir gedacht, daß Deine Geschichte ganz erfunden war. Im ersten Moment war ich mir bei der Einschätzung zwar unschlüssig, weil die Story so authentisch wirkt, autobiografisch. "Echt selbst erlebt. Die ist wahr!"

Dann ging ich in 'mich', mein Schreiben. Wenn die Leute bei irgendwelchen Texten von mir behaupten, die seien autobiografisch, dann sind sie bestimmt erfunden -.

Wir beide haben anscheinend die gleiche Technik beim Schreiben:

Zuerst denken wir uns mit der Phantasie, eine Geschichte aus: im Groben, im Grunde ganz nüchtern, mit dem Hirn, vielleicht sogar oberflächlich (im Rahmen, als Gerippe).

Danach steigen wir in unsere grade selbst geschaffenen Figuren hinab, testen sie von innen. Überlegen: Was würden diese Typen <u>fühlen</u>, wenn sie das erlebten, was ich ihnen da unterstellt habe? Beim Hineinversetzen in die Figuren fangen wir dann plötzlich selbst an zu 'kochen': auf einmal sind die fremden Gefühle unsere eigenen geworden. Mit allem 'Geschmack', allem Aufgewühle, allem Stress, allen Zuckungen des Körpers - mit allem Adrenalin!

76

Wir spüren uns da. Echt, wirklich. Lassen uns uns selbst auf der Zunge zergehen -.

Auf dieser Gefühlsebene testen wir die Figuren durch. Was ist an denen gut - was schlecht - was könnte noch besser sein? Wann ist der <u>Genuß</u> ihrer selbst noch besser? Wann das <u>Erschrecken</u>, <u>Entsetzen</u> noch fürchterlicher?

Das war das Vergnügen des Schreibaktes - und jetzt kommt die Arbeit!

Obwohl wir dazu manchmal gar keine Lust mehr haben...

Doch wir zwingen uns, setzen uns hin und schreiben die Geschichte von <u>unserer Gefühlsebene</u> her: als ob wir das alles grade <u>selbst</u> erlebt hätten! Haben wir ja auch - denn in uns ist noch das Schmelzen oder der Aufstand des Körpers!

Es ist der <u>Körper</u>, der jetzt mit dem Hirn beschrieben wird. Und diese Situation macht die Authentizität (das vermutet Autobiografische)!

Wir treten neben uns, betrachten uns plötzlich selbst. Und weil es über weite Phasen der Körper ist, deshalb ist richtiges Schreiben so befriedigend - aber unter Umständen auch so anstrengend. Auf jeden Fall lernen wir dabei auch immer etwas über uns selbst.

Is's so? Kommt Dir das bekannt vor -?

Ich glaube, daß Du 'richtig' schreibst, Dornentyp. Du hast wahrscheinlich schon immer richtig geschrieben. Man, frau kann Geschichten auch völlig anders schreiben: nur oben mit dem Hirn. Das gibt dann die künstlichen, faden Geschichten, wovon die Literatur voll ist. Geradezu verseucht ist.

Ich glaube, daß z.B. auch Dein Froschgedicht damals auf der Gefühlsebene geschrieben war - mit dem ironischen, lachenden Nebensichtreten zum Schluß. Und das war mir damals in der Jury aufgefallen: daß da irgendwie schon ein kleiner Profi am Werk war -.

So long für heute. Du kannst immer vorbeigucken, wenn Du Lusten hast, Du bist mir nicht lästig. Ruf mittags grade durch, wenn Du kommen willst (Tel. 59140): ich warte dann mit dem Spazierengehen auf Dich.

Dein
Dieter Pflanz

* * *

2. Juli

Lieber Herr Pflanz!

Wenn Sie bei meinem letzten Brief Porto zahlen mußten, so ist das nicht meine Schuld, sondern die des Postbeamten. Ich erreichte nämlich gerade noch rechtzeitig den Briefkasten, der schon von einem Beamten entleert wurde. Weil ich keine Marke hatte, bat ich ihn, mir eine zu verkaufen, doch er meinte, es genüge, wenn ich eine Mark und den Brief in den Postsack werfen würde. Das tat ich dann auch und hoffte, daß der 'Postonkel' es nicht vergessen würde...

Neulich hatte ich eine Idee, und zwar habe ich mir vorgenommen (und schon damit angefangen), ein Buch zu schreiben.

Ein Buch über meine Krankheit, die ich hatte, über mich, meine Gedanken, Gefühle und Probleme, die ich während und nach dieser Zeit hatte/ habe. Angefangen habe ich schon vor längerer Zeit, doch ich traute mich nicht, meine Geheimnisse und Gefühle so einfach preiszugeben.

Aber ich brauche sie ja vorerst nicht jedermann(frau) vor die Nase zu binden (sozusagen in erster Linie ein Buch für mich). Was halten Sie davon?

Ich werde auf Ihr Angebot zurückgehen und Sie bald anrufen!

Bei den meisten Geschichten, die ich schrieb, machte ich es fast genau, wie Sie es geschrieben haben, doch manchmal benutze ich einen anderen Anfang:

Da fällt mir nur ein Anfangssatz, der erste Abschnitt ein, nach dem allmählich die ganze Geschichte entsteht, ohne daß ich das Ende oder den Verlauf schon vorher weiß.

Das Gerippe kommt im Unterbewußtsein mit, ich baue mir keins (vielleicht, ohne es zu wissen...?).

Am Mittwochnachmittag, da hätte ich vielleicht Zeit, vielleicht! Mit großer Wahrscheinlichkeit sogar.

Leider muß ich heute zum Arzt und morgen nach Hannover (hat auch seine Vorteile, wenn man dann noch durch die Stadt bummeln kann).

Noch einmal aufs Schreiben zurückzukommen:

ich erzählte Ihnen bereits von einer neuen Geschichte, die ich zu produzieren versuchte. Bis jetzt blieb es bei dem Versuch, denn ich hatte mal wieder nur den Anfangssatz im Kopf und verhedderte mich schließlich in all den neuen Gedanken, die sich mit den alten vermischten, weil ich den Sinn und das eventuelle Ende nicht wußte.

Meine Maßnahme bei solchen Ergebnissen ist, daß ich das Angefangene in die hinterste Schublade stecke, bis mir was eingefallen ist, oder daß es im Müll landet! (Ich entschied mich für das erste).

Solche Geschichten eignen sich gut für das Spiel, bei dem der eine eine Geschichte zu schreiben beginnt, ein Anderer weiterschreibt, denn diese Anderen dürfen dann das Problem lösen.

(Mir macht bei solchen Spielen immer besonders viel Spaß, etwas Unerwartetes zu schreiben, das niemand erwartet hätte!)

Da ist noch etwas, nämlich der 'Dornentyp'.

Bin ich das denn noch? Bin doch erlöst, aufgewacht, sitze nicht mehr inmitten der Dornen. Irgendwie muß ein anderer Name her, der paßt. Wie bei einem Schmetterling, oder besser der Generationswechsel bei den Quallen. Die Dornenzeit ist z.T. um, es kommt ein neues Zeitalter (aus der Raupe wird 'n Schmetterling/ aus dem Polyp 'ne Qualle).

Sie schreiben Dornentyp oder Daniela Lederstrümpfin, ich nenne Sie Herr Pflanz, das muß auch anders werden! Nur fällt mir noch kein passender Name ein, der Ihnen steht. Kommt noch. - Ich könnte Sie vielleicht in die Zeit des König Arthur bringen, so als 'nen Druiden, Merlin oder so was.

Aber mal ehrlich, Druidentyp ist das nicht gerade passend!

Vielleicht kam ich auf die Idee, weil Sie schreiben, als könnten Sie manchmal meine Gedanken lesen, wer weiß?

Bis dann, 'Druidentyp' (ich nenn Sie so, bis mir was besseres eingefallen ist!)

Ihre
Julia Bonnemeier

(die allerdings keine ledernen Strümpfe hat!)

* * *

Also, Schmetterling,

das mit dem Dornentyp war mir auch schon aufgestoßen. Beim Korrekturlesen der letzten Briefe war ich drüber gestolpert. Hab's dann aber stehen lassen, das Wort hat bei mir nämlich anderen Inhalt bekommen: bringe es nicht mehr mit dem BULT-Schloß in Verbindung, sondern mit dem Dornteufel. Einem ganz ulkigen Viech, das ich vor einiger Zeit mal im Fernsehen gesehen habe. Irgendein Reptil, das in der Trocken-wüste Inner-Australiens lebt, wo es nur alle paar Jahre mal regnet. Sieht aus wie ein Teufel: dicke Haut, Warzenhörner, Schnufen, Schnauben. Als ob Walt Disney es im Trickfilm erfunden hätte. Das würde Dir bestimmt gefallen!

Mir gefiel daran die Überlebensfähigkeit, Zähigkeit, die Härte, der Widerstandswille. Alles Eigenschaften, die ich mit dem Bonnemeiertyp in Verbindung bringe.

Doch Du hast recht: Dornen passen irgendwie nicht mehr. Wir brauchen etwas, das nachgibt - das sich öffnet, auf Zu-kunft, Freude, Schönheit hin.

Schmetterling gefällt mir aber nicht besonders: die werden viel gefressen. Und Quallen sind glitschig. Da ist Daniela Le-derstrümpfin viel besser, treffender!

Lederstrümpfin paßt, wenn's auch ein blödes Wort ist. Die Qualitäten, die Daniel Boones' Lederstrumpf hatte, gehören auch zu Dir: die Umsicht, die Zähigkeit, Härte, die Klugheit und der Mut.

Ich sehe Dich irgendwie bewaffnet, Julia. Du hast keine Angst. Kaum Angst, nur einige Furcht (wobei Furcht etwas ist, das man kennt, das man in seiner Dimension schon 'abgeklopft' und damit halbwegs unter Kontrolle hat). Das mit dem Judo hat mir richtig Spaß gemacht: plötzlich konnte ich mir etwas erklären! Deine Schultern, Dein Körper.

Du hast einen 'einladenden' Körper: Du läßt andere dicht an Dich herankommen.

Wir beide haben uns ja nur ein paarmal gesehen, vielleicht zwei-, dreimal, doch mir war diese offene Körperhaltung aufgefallen. Die ich mir nicht erklären konnte. Jetzt kann ich's: es ist Dein Judo - und Dein Dich völlig 'Zu-Haus-fühlen' in den Gefühlen. Du weißt sehr genau, was Du Dir zutrauen kannst! Und deshalb fehlt Dir die Angst (die ja immer irgendwie blind ist).

Die meisten Menschen sind 'Angstbeißer' (wie so Hunde, die kein Selbstvertrauen haben, und deshalb immer als erste anfangen, um das Überraschungsmoment auf ihrer Seite zu haben). Das sind die Menschen, die unentwegt andere zu treten versuchen, zu schädigen, schlechtzumachen versuchen. Wie diese Typen in Deiner Klasse. Gefühle von wirklicher Stärke, Sieg entstehen für sie nur durch Niederlagen anderer. Und diese innere Haltung drückt sich auch in der Körperhaltung aus: die laden mit ihrer äußeren Haltung andere nicht ein zu kommen, sondern sie wehren sie damit ganz instinktiv ab (die haben Angst - die anderen könnten es ja vielleicht genau so machen wollen wie sie).

Und aus diesem ganzen 'mitmenschlichen' Rahmen fiel Deine Körperhaltung heraus. Mir. Damals, glaube ich, schon bei der Weihnachtsfeier.

Daniela Lederstrümpfin trifft zwar genau - klingt aber nicht besonders. Muß mir noch was Besseres ausdenken.

Für mich hast Du Dir ja etwas Tolles ausgedacht - mir ist richtig die Luft weggeblieben. Das mit dem Sie und Herrn hatte ich auch schon überlegt: das schafft so verschieden hohe Ebenen, von denen man manchmal nur mit Mühe herunterkommt. Druide gefällt mir! Nicht als Zauberer Merlin - sondern als ganz aufmerksamer, vorsichtiger Vernunfttyp. Habe gerade noch mal im Lexikon nachgeschlagen: Druiden waren die Priester, Sänger, Träger der Kultur der keltischen Völker, beschäftigten sich mit Medizin, Geografie, Astronomie, Traumdeutung. Widerstandskämpfer, die von den römischen Eroberern ausgerottet wurden. Sie waren der Literatenstand der Kelten, obwohl sie alles nur mündlich überliefert haben, nie etwas geschrieben. Ihre Ausbildung dauerte bis zu zwanzig Jahre lang!

Sogar das mit dem Literatenstand ohne Schreiben paßt auf mich: da keiner mehr meine Bücher druckt, gib ich das, was ich weiß, in lockeren Briefen weiter -. An kleine Opfermädchen.

Meine Verbeugung vor der Großen, die so schöne Beinamen findet!

Daß Du ein Buch über die vergangenen Monate schreiben willst, finde ich sehr gut. Solltest Du unbedingt tun und durchhalten! Auch wenn es erst mal nur für Dich selbst ist, als eine Art Tagebuch. Beim Prozeß des Niederschreibens wird einem ja doch vieles klar oder klarer: weil man aus der Unverbindlichkeit des nur Dahingedachten oder -gefühlten heraus muß. Und vieles Bedrohliche wird so auch unschädlich gemacht.

Aber vielleicht hast Du dieses Buch schon in großen Abschnitten fertig. Deine Geschichten und die Briefe, die Du mir geschrieben hast. Ich hab hier wenigstens schon einen richtigen 'Lederstrumpf'-Band aus Deinen Texten zusammen.

Du erinnerst Dich aber wohl nicht mehr an Deine Briefe, die Du aus Hannover geschrieben hast. Schöne Briefe, gute Gedanken.

Vielleicht müßte ich sie Dir mal abschreiben -.

Auch unser gegenseitiger Briefwechsel ist schon ein richtiger Band geworden - mit all den Seitentrieben, bis in den Lit-Club hinein. Ich habe da heute noch mal durchgeblättert. Wir haben, glaube ich, richtig schön aufeinander reagiert. Der/die eine hat ein Wort gegeben, und die/der andre hat's aufgenommen und 'gedreht' - manchmal in Überraschungen, wie Du sie magst, Julia.

So long - der letzte Briefkasten geht gleich. Deine Briefe waren alle frankiert: die Postler sind zuverlässig. Ich bin Mittwoch da, würde mich sehr freuen, wenn Du auftauchtest. Ruf kurz durch. Nur Minden geht wahrscheinlich nicht, weil Thomas mittwochs gerade die wöchentliche Arbeitsbesprechung hat. Ich werde ihn aber noch anrufen. Bald sind die Vögel nämlich alle schon wieder weg, in diesen Tagen hören die meisten ja schon wieder mit Singen auf.

Dein
Dieter Pflanz

* * *

9. Juli

Lieber Herr Pflanz!

Freitagabend dachte ich noch lange über das Gespräch nach, welches wir führten.

Ein ganz neues Gefühl lernte ich kennen, das ich kaum kannte:

Ich habe jemandem, (den ich kaum kenne), <u>Vertrauen geschenkt</u>, meine Sorgen und Geheimnisse erzählt, mich verstanden gefühlt.

So'n Gemisch aus Traurigkeit und Freude pochte und kribbelte in mir: Meine Geheimnisse waren gelüftet, geteilt! Doch mein Mißtrauen ließ mich wieder zweifeln:

'Bin ich <u>wirklich verstanden</u> worden, haben Sie sich nicht verstellt, was denken Sie <u>wirklich</u> von mir, <u>wer</u> und <u>was</u> bin ich?'

84

Aber ich habe Sie ja nicht umsonst 'Druidentyp' genannt, irgendetwas an Ihnen ist vertraueneinflößend.

Und es ist ein komisches, schönes, aber auch beängstigendes Gefühl zu wissen, daß jemand (außer meinen Eltern) etwas Persönliches über mich weiß, das ich selbst erzählt habe, das Hoffen, daß es wie ein Schatz behütet und nicht 'herumposaunt' wird.

Dies alles verbindet.

(Sie dürfen keinesfalls denken, ich hätte zu meiner Familie kein Vertrauen, doch manches (und das geht bestimmt jedem Jugendlichen so) brauchen Eltern nicht zu wissen!)

Und deshalb glaube ich, daß ich Sie, (trotz des von Ihnen angespielten Altersunterschiedes), ruhig 'Freund' nennen kann.

Das war der schwerste Brief, den ich bisher geschrieben habe, und ich hoffe, daß er, auch wenn er vielleicht kitschig geschrieben ist (den lese ich ganz bestimmt nicht durch!), zu verstehen ist.

11. Juli

Nun bin ich also an der Ostsee.

Kein besonders berauschendes Wetter, aber gut geeignet zum Nachdenken und Schreiben.

Schade, daß ich nur Pech habe, denn mein Freund ist verreist und weit und breit sind keine Jugendlichen in Sicht.

Komisch, daß ich von Kindern (zwischen 2 und 8) umschwärmt werde, wie Bienen, doch drei Wochen möchte ich nicht Kindermädchen spielen! (Allerdings sind Kinder mir fast lieber als gleichaltrige, denn sie denken und fühlen ganz anders und sind ehrlich, stellen Fragen).

Am liebsten möchte ich wieder nach Hause, doch das geht ja nicht.

Und schreckliche Angst vor dem Schulbeginn habe ich auch.

Die Erwachsenen in der Pension benehmen sich auch recht merkwürdig: Seitdem meine Oma ihren 'Bekannten' erzählt hat, daß ich krank war, schauen sie alle auf meinen Teller, beobachten mich beim Essen und labern klug herum, weil sie wissen wollen, ob ich auch wirklich gesund bin! Dann wollen die auch noch wissen, was ich hatte, und merken gar nicht, wie wütend ich werde.

Blöder Urlaub, warum ist er nicht wie sonst?!?

Ihr Buch 'Vierzehn' gefällt mir. Ich lese es gerade.

Es ist doppelt so schön, ein Buch zu lesen, das vom Zuhause handelt, wenn man woanders ist, weil man sich dann alles besser vorstellen kann!

Würde auch gern mein 'Buch' weiterschreiben, hab's aber vergessen mitzunehmen.

PS: Wenn Sie mir schreiben wollen, dann würde ich mich freuen:

Pension Klara
Poststr. 44
Timmendorfer-Strand

Ich werde nun einen langen Spaziergang am Wasser machen, also dann tschüß!

Ihre Julia Bonnemeier

* * *

Sehr geehrte Frau Bonnemeier,

wollten wir die Beziehungen von Ihrem Typ zu meinem Typ nicht auf andere Grundlage stellen, um diese verschiedenen Höhen üb. Normalnull auszugleichen? Immer mit Ihrem halben Kopf höher auf mich runterzusehen und Sie zu sagen, geht nicht, ist unschicklich. Wenn mich die Natur schon benachteiligt hat, so möchte ich doch wenigstens verbal als gleichwertig anerkannt werden.

Andersfalls müßte ich den Spieß umdrehen und nach Ihnen da oben siezen. Da Sie groß und stark und, wie ich befürchte, ganz erwachsen sind - na ja: fast ganz -, muß ich das sonst tun. Weiß doch, was sich gehört. Und dann wird dieser Damentyp in den nächsten Tagen auch noch fünfzehn!

Also, She-friend: erfind was! Mit 'typ', ohne...mit Schimpfwörtern oder ohne...aber mit du. Das war abgemacht, so habe ich es verstanden. Wer mich Druidentyp nennt, darf mich duzen. Julia!

Vielleicht hätten wir das Du in den Tagen schon üben sollen, doch ich habe mehr auf den Inhalt unserer Worte geachtet. Einmal mindestens hast Du aber du gesagt, da in der Dämmerung am Tisch, das hatt' ich notiert.

Ich weiß, Julia, daß Du mir Dinge erzählt hast, die Du sonst keinem sagst, - und dieses Vertrauen habe ich in diesen Momenten auch so empfunden. Es hat irgendwie, wie man so sagt, das Herz zusammengezogen. Und es hat mich ab und zu erschreckt - nicht Dein Vertrauen, sondern mein Verstehen: daß ich Deine Gedanken, Deine Gefühle, Deine Verwundungen, Deinen Schmerz, aber auch Dein Selbstvertrauen, Deine Siege, so gut verstehen konnte. Da war mir kaum etwas fremd. Was Du von Dir gesagt hast, hätte auch ich von mir über meine jungen Jahre erzählen können. Und genau das war irgendwie erschreckend: weil ich sah, welche Klippen, Untiefen (um's mit der Seglersprache zu sagen), welcher Schmerz Dich noch erwarten. Wenn man ein Druidengroßväterchentyp ist, hängt man ja schon halb hinterm Berg, sieht das meiste mit dem großen Fernglas als Vergangenheit.

Ich habe keine Angst um Dich, Julia - auch jetzt nicht, nachdem Du so viel erzählt hast. Absolut nicht! Du bist ein ganz harter weicher Typ. (Wie geht noch das Lied?: laß uns wie das Wasser sein, weicher Tropfen höhlt den Stein?). Ich habe keine Furcht um Dich, sehe Dir noch immer lächelnd zu. Mein Schmerz geht in andere Richtung, auf das Leben, die Welt: Muß so etwas immer sein, verdammt, warum dürfen Menschen nicht ganz einfach ganz glücklich sein?

Ich muß über die Sache aber noch nachdenken. Es kann sein, daß ich meine Probleme, meine Schmerzen, Verwundungen, Einsamkeiten (von damals) nur in Dich hinein'projiziere'. Das Ich baut sich unentwegt Fallen: um nicht in anderen, tödlicheren Fallen, umzukommen. Das hat schon etwas mit Humor, Ironie zu tun. Wenn man, frau diese Schleichwege des Ichs erst mal ausgekundschaftet hat.

Muß darüber noch nachdenken.

Etwas anderes - die Schuldgefühle. An einer kleinen Stelle kamen bei Dir Schuldgefühle hoch.

Bei Problemen, klein oder groß, besonders bei den großen natürlich, nimmt man zuerst einmal das große Haumesser, schlägt zu: und dann schmeißt man einen Teil von den so entstandenen zweien gleich weg - weil man <u>ausschließen</u> kann (mit dem Hirn), daß daran etwas Gutes, Brauchbares, Richtiges ist. Das gehört zur eigenen Psychohygiene.

Schuldgefühle - generell: wir leben, seit Jahrtausenden, in einer Schuldkultur, die durchs Christentum entstanden ist. Wahrscheinlich sogar durch falsch verstandenes Christentum.

Schuldgefühle sind eine Seuche. Und sie werden unentwegt durch die soziale Umwelt - Familie, Freunde, aber auch das eigene Ich - neu erzeugt, weil man damit andere so gut beherrschen kann. Vor allem auch das eigene Ich! Man, frau sich selbst!!!

Schuldgefühle (die Betonung liegt auf Schuld, nicht auf Gefühle!) sind Seuche: - weg! Krankheit: - weg!

Da man sie meistens nicht ganz wegkriegen kann, muß man sich ihnen aber wohl in den konkreten, 'herausgeschlagenen' Punkten stellen.

Das kleine scharfe Messer - da bei den Bastelarbeiten im Dornenschloß.

Juliamädchen, Große! Was glaubst Du, wie oft ich schon dran gedacht habe zu sterben, mit Messer, Pistole, Gewehr, was weiß ich. Das begleitet mich seit dem vierzehnten Lebensjahr. Ich schreibe bewußt: begleitet, nicht verfolgt. Es begleitet mich - lächelnd, grinsend, manchmal unter Tränen. Begleitet mich als meine Freiheit!

Dies ist meine Freiheit. Und die laß ich mir durch irgendwelche Schuldkonstruktionen nicht ausreden! Sie ist auch Deine Freiheit: wie sie jederfraus oder -mans Freiheit ist. Da wir ins Leben hineingeworfen worden sind, müssen wir wenigstens die Freiheit behalten, es nach unseren Entscheidungen wieder verlassen zu können. Und für solche Freiheit sollten wir kämpfen.

Hier sind Schuld und ihre Gefühle - die ja oft, meistens nur der lange Arm irgendwelcher anderer sind - nicht brauchbar.

Man, frau steckt mit den Gedanken ans Sterben die Dimensionen des Lebens ab, besonders in den jungen Jahren. Meißelt so erst das Leben für sich heraus! Wer nichts über den Tod weiß, weiß nichts über die Möglichkeiten des Lebens. So einfach ist das.

Punkt.

In einem hatte ich Dir, Julia, nicht so ganz geglaubt: bei den Berichten über die Verfolgungen durch die Mitschülerinnen. Hatte sie zuerst als 'Projektionen' von Dir beargwöhnt. Die 'Welt', das Ich, die Politik etc sind immer voller 'Projektionen', Urteilsunschärfen.

Inzwischen habe ich Dich und Deine Situation aber noch mal 'auseinandergenommen': 1. Die Typin sieht gut aus, dürfte eine schöne Frau werden, wenn sie die letzten Eierschalen abgestreift hat; 2. schön und doof gibt's viele, aber die ist noch intelligent - gleich Einsen zu schreiben, nach halbem Jahr Schulaussetzen spricht für sich; und 3. ihre Familie ist nicht arm, lebt in einem schönen, großen Haus, etc -.

Da kann wirklich Eifersucht, Sozialneid, Sexualneid, Gehässigkeit aufkommen, oder wie diese Gefühlswirrwarre sonst noch heißen. Du läufst in der Klasse wahrscheinlich unter: schön + klug + reich. Und das ist ja auch tatsächlich schwer zu ertragen - hat's bei solchen Zusammenballungen der Himmel nicht besonders ungerecht gemeint?

Im STERN las ich ähnliches, über Mädchenfrauen in Frankreich, die dort im Moment 'in' sind. Über eine Sechzehnjährige, Starlet, hieß, glaube ich...weiß nicht mehr, die jedoch auf femme fatale macht: - wie die, selbst auf der Straße von wildfremden Frauen, angegiftet wird. Auch in ihrer Schulzeit soll das schon so gewesen sein.

Da könnte etwas dran sein -. Gefühle, und besonders die negativen, sind ein weites Feld. Müssen wir noch mal bereden.

Doch jetzt sind wir am Strand! Jetzt wollten wir all diesen sozialen Scheiß vergessen und die Welt wieder direkt ins Auge, Ohr, in die Hand, den Mund nehmen. Einfach mal die Welt anrempeln gehn -! Draufrumkauen!!!

Dein

Dieter Pflanz

Lieber Herr Pflanz!

Ich sehe Timmendorf nun mit anderen Augen:

Hier, in der Hauptsaison, ist alles so kitschig, unwirklich, wie aus einem Märchen in Disneyland, und hinter der Kulisse, der lachenden Maske, steckt Geldgier, Konkurrenz, keinesfalls das romantische Leben, an der See, das den Gästen vorgegaukelt wird!

Nach dem Motto: für Spaß muß man in die Geldtasche greifen, und zwar ziemlich tief!

Das sehe ich nicht ein, find' ich abstoßend, zum Kotzen.

Die Leute am Strand sind so wie das Mädchen, welches ich Ihnen neulich beschrieben habe:

Haben keine Augen mehr für das wirklich Schöne, blind folgen sie dem Motto, fallen drauf rein.

Geld ausgeben, Geld ausgeben für den Quatsch, der Spaß u. Glück genannt wird.

Ich will nicht, sträube mich dagegen.

Alles ist so gegensätzlich:

Die Leute wollen zurück zur Natur, ekeln sich aber vor den Quallen im Meer und schmeißen ihren Müll dahin, wo's ihnen gefällt (und das sind meistens nicht die Abfalleimer).

Denen würde es am künstlichen Strand mit Chlorwasser bestimmt mehr Spaß machen! (Allerdings glaube ich, daß dieser Strand auch 'künstlich' erweitert und die groben Steine weggeschafft wurden).

Ich passe hier nicht hin, will nach Hause, an die Weser, in den Wald. Wo's keinen gibt, der einem was aufzwingt. Bloß allein sein!!!

Vonwegen! Eben kam mein 'Freund' und hat mir seine Clique vorgestellt. Alle zwei, drei Jahre älter als ich, aber dumm und versaut! Auch Thorsten hat sich unter denen ganz anders benommen; all das Angeben, Prahlen, das ständige Gerede vom Sex kotzt mich an! Darauf kann ich gut verzichten. Aber das haben Jungens wohl in diesem Alter so an sich. Wenn ich Thorsten nächstes Jahr wieder treffe, ist er hoffentlich vernünftiger geworden. Gut, daß der abhaut, in die Ferien! - Gestern hab' ich ein Mädchen (16) kennengelernt, das leider am Freitag wieder wegfährt. Wir haben einige Schreibspiele gemacht, indem ich sie 'geprüft' habe; die scheint ganz o.k. zu sein!

Warum find' ich hier Freunde und nicht zu Hause? Trotzdem will ich nicht hierbleiben, mitten zwischen all den faulen, vollgefressenen Leuten!

Bin in die Pension geflüchtet, hab' meine Ruhe!

Alles kotzt mich hier an, sogar Oma, die mich am liebsten an die Leine nehmen möchte, mich ständig mit Süßigkeiten versorgt, weil sie denkt, davon werde ich glücklicher.

Bin heute schwimmen gegangen. Trotz der Kälte, weil ich's denen zeigen wollte.

"Die dünne Julia friert doch viel schneller als andere, kriegt bestimmt 'nen Kreislaufkollaps..." Das meinen die lieben Eltern und Ehepaare der Pension. "Kauf dir lieber 'nen Eis!"

Sehr intelligent! -

Einer 14-jährigen können sie ja so was sagen, aber wie würden die denn gucken, wenn ich denen sagen würde: "Stopfen Sie sich lieber nicht so viel Nahrung in den Kopf, sonst schwitzen Sie bei Ihrer Fettschicht (das haben die meisten Strandbewohner) viel mehr! - Kriegen bestimmt 'nen Herzinfarkt, bei dem Fressen, der Hitze und der Hektik!"

All diese Beleidigungen, die alle 'gut' meinen, diese Scheißwichtigtuerei, Unreife dieser Erwachsenen, kotzt mich an!

Kann's nicht anders ausdrücken. Manchmal wird mir echt richtig übel, dann verschwinde ich (so gut ich kann) in eine menschenleere stille Ecke, atme tief und gleichmäßig durch, oder schreibe mir all den Ärger von der Seele.

Keiner da, der mich versteht, alles nur Mache!

Niemand hört meine Hilfeschreie. Bin alleine, hoffnungslos, sehne mich nach Liebe, Leben...oder Tod? - Nein, bitte nicht! Nicht mehr das, nicht aufgeben!

Würde am liebsten ein Vampir sein! Unsterblich und trotzdem tot, könnte fliegen...wäre frei!

Leider gibt's keine Vampire, die mich beißen könnten. Nur in meiner Phantasie, schade.

Wozu leben wir alle? Wozu gibt's die Welt, das Leben?

Ist doch alles Quatsch, Unsinn, (=) keinen Sinn, früher oder später geh'n wir doch sowieso zu grunde.

Sie kennen die Antwort genauso wenig wie ich, doch haben Sie sich jedenfalls die gleichen Gedanken gemacht.

Und das beruhigt mich; es gibt noch andere, die denken wie ich. Es ist eine gute Idee, ander Typen zum Denken zu bringen (vielleicht sogar von der eigenen Meinung zu überzeugen), indem man/ frau Bücher schreibt, in denen diese Gedanken geschickt untergebracht sind. Manchmal überlege ich, ob ich das auch tun sollte, doch wollen und können ist zweierlei...

Bin ich eher Rapunzel, <u>eingeschlossen</u> in einem Turm, behütet und bewacht, wartend auf den Prinzen?

Ehrlich gesagt tue ich das auch!

Warte darauf, in den Arm genommen zu werden, von meinem Prinzentyp; ihn zu riechen, zu spüren, <u>alles</u> anzuvertrauen, geliebt und verstanden zu werden, doch leider ist da noch keiner in Sicht. Vielleicht kommt auch gar keiner. Prinzen gibt's nur im Märchen!

Tolle Ferienstimmung!

Ihre   Julia

PS.: Meine Schrift (und von der Rechtschreibung ganz zu schweigen) ist ziemlich krakelig, weil ich am Strand und in der Pension auf'm Bett geschrieben habe.

Hoffe, es stört Sie nicht.

* * *

Na, Zorni,

hast Du Dich inzwischen wieder beruhigt? Ganz so schlimm kann es doch wohl nicht sein. Wenn man will, kann man auch im Schlechten Gutes finden oder das Schlechte ein bißchen zum Guten drehen. Mach einfach das, was Du gewöhnlich sonst nicht tust: und das ist dann gut!

Zum Beispiel schwimmen. Meine letzte Heldin, da im Roman, oben in Karelien, dicht an der russischen Grenze, habe ich einfach mal schwimmen lassen. Ganz intensiv, ausdauernd - in den großen, sauberen Seen. Als junges Mädchen war sie eine gute Schwimmerin gewesen, hatte immer in den Teichen, Moortümpeln ihrer Heimat geschwommen, als Kind, Jugendliche, doch später, als Erwachsene, hatte sich das verloren. Und jetzt schwimmt sie wieder. Und plötzlich, irgendwie, spürt sie, wie durch das Schwimmen all die Verspannungen ihres Lebens - nicht nur des Körpers! - sich auflösen, verloren gehen.

Und gegens Ende des Buches sagt sie zu dem Jungen: Ich hätte mich nicht in dich verliebt, wenn ich nicht so viel geschwommen hätte! (Das ist ja ein Liebesroman, vielleicht sogar unschicklicher, unmoralischer).

Also, Typ: kau auf der Welt rum! Schluck Wasser! Vielleicht verliebst Du Dich noch, da oben im Sand -.

Ja sicher, Du bist eingeschlossen im festen Turm und wartest, wartest: aufs Leben, den 'Prinzen', Freiheit, Erfolg, was weiß ich. Wie alle in dem Alter warten, hoffen. Wie vielleicht alle Menschen warten, hoffen - das 'Prinzip Hoffnung', das uns immer vorantreibt. - Doch mit vierzehn kann man wohl noch nicht alles haben und dann gleich auf'n Schlag. Erst mal ein bißchen zu haben und ein bißchen zu sein und ein bißchen viel zu träumen, ist ja auch schon was -.

Die Dreier-Einschätzung, unter der Du wahrscheinlich in Deiner Klasse läufst, die aus meinem letzten Brief. Von Dir aus gesehen - ist das nicht schon etwas Positives? Auf jeden Fall kein Grund, sich drüber zu beschweren, dem Leben, der Welt, dem Schicksal gegenüber. - Julia, es gibt eine Menge, Menge Menschen, die häßlich sind und dumm und dazu noch sehr arm! Die Welt ist voll davon, dies eigentlich ist das Normale. Und wenn's einen anders getroffen hat, dann sollte man es wenigstens erkennen. Auch wenn man von den momentanen Schmerzen, Leiden überrannt ist!

Denk drüber nach. Nimm mal ein großes Blatt und schreib auf, was gut ist in Deinem Leben und was schlecht. Was, wen Du magst und was, wen nicht. Das hilft oft, sich klar zu werden.

Deine Briefe sind Klasse, da sind keine Fehler drin! Du bis'n Profi -.

Dein
Dieter

* * *

Lieber Freund!

Danke für den Brief, auf den ich schon gewartet, besser, gehofft habe.

Du - klingt gut, ganz ungewohnt. Neu!

Das lenkt vom Alter ab. Zeit- u. alterlos. Ist besser so!

Hab' auch bemerkt, daß mir das Du schon ein paarmal rausgerutscht ist, aber nichts am 'Sie' geändert, brav weitergesiezt. Diese Zeiten sind vorbei.

Ich glaube aber nicht, daß Du schon 'halb hinterm Berg' bist, sondern, besser ausgedrückt, weiter voraus. Sagen wir's so, Du hast den Berg schon fast überwunden, ich bin noch dabei, ihn zu erstürmen.

Es ist gut, daß Du keine Angst um mich hast (endlich 'mal einer), denn sonst sind <u>alle</u> Menschen, die ich kenne, irgendwie um ich besorgt! Nicht zum Aushalten ist das!

Ihr Buch 'Vierzehn' (ich hab's nun ganz durchgelesen) ist mir ziemlich nahe gegangen, denn das Wesen/ der Charakter ähnelt meinen Gedankengängen so sehr, daß mir ganz komisch zumute wurde, als ich es las.

Übrigens habe ich auch eine Geschichte geschrieben, am Strand, vom Strand. (Jedenfalls das erste Kapitel). Wirkt witzig, soll aber ernst sein, der Kern. Leider hat niemand, dem ich die Geschichte vorgelesen hatte, den Kern gefunden. Hier sind eben alle blöd! - Haben mir sogar vorgeschlagen, welches Ende die Sache haben sollte, dabei haben sie nichts kapiert! Alles Besserwisser!

Ich find's gut, daß Du mich, mit dem Sterbenwollen, verstehst.

Hab' mal meine Freundinnen früher gefragt, wann sie am liebsten sterben wollten (Jahreszeiten).

Denken wohl nun, ich hab 'ne Macke, bin 'n Fall für den Psychiater. - Wer weiß, manchmal glaub ich's ja selber. Deshalb ist es gut zu wissen, daß z.B. Du Dich auch damit beschäftigt hast und ich nicht die Einzige bin. Vielleicht ist das ja auch der Grund, warum die alle so blöd reagieren, mich meiden, vielleicht, weil ich diese Gedanken <u>laut</u> ausgesprochen habe.

Aber was ich erzählt habe, vom Verhalten der Typinnen in meiner Klasse, war und ist wahr!

Aber da möchte ich noch 'was klarstellen: es sieht vielleicht so aus, aber wir sind <u>nicht reich</u>! Das heißt: meine Familie. Mein Opa vielleicht, o.k., und mein Onkel. Aber mit dem habe ich wenig am Hut!

Ich kann sagen, daß wir zur Mittelschicht gehören. Ganz in der Mitte. Mein Vater muß ziemlich hart arbeiten, ist kaum zu Hause. Und das Grundstück von uns war geerbt. Ohne meine Oma würde es uns bestimmt auch nicht so gehen...

Aber das können andere ja nicht sehen. Wenn Du dachtest, wir wären reich, so denken das bestimmt noch viel mehr Leute, zu Unrecht.

(neue Seite, veränderte Schrift - anscheinend nach zeitlichem Abstand geschrieben:

Am liebsten möchte ich heulen, ganz laut!

Irgendetwas krampft sich um mein Herz, beißt und nagt daran herum. Aber was?

Ich fühl' mich wie ein Roboter, gesteuert von meiner Umgebung, meinen Mitmenschen. Meine Eltern und die Schule programmierten mich (sind noch dabei). Deren Vorstellung, ein erfolgreicher, Superroboter zu sein, muß erfüllt werden. Zeugnis; Stiftung Warentest. Von 32 verschiedenen Modellen erhielt das Produkt der Marke Bonnemeier im Fach sowieso die Note sowieso!

Sie ist geeignet, weitere Programme zu erlernen!

(Natürlich kann man nur gut abschneiden, wenn man bei bester Leistungsfähigkeit ist und Haltung, sowie Pflege des Geräts einwandfrei sind).

Da häufig ein Kurzschluß oder Fehlprogrammierung eintreten kann, muß das Produkt unverzüglich zu einem Fachexperten (im Fall Bonnemeier empfiehlt sich der Seelenklempner) gebracht und von anderen Modellen ferngehalten werden.

Und da die Produzenten Bonnemeier auf keinen Fall Konkurs machen wollen, bemühen sie sich, ihr neustes Modell auf dem Stand zu halten, mindestens im Aussehen, körperlicher Schaffenskraft.

So, genug des Quatschens!

Genau wie Du habe ich mir das Sterben als Freiheit vorgestellt.

Doch unmöglicherweise versuchten meine Eltern, mir diese Freiheit zu nehmen, indem sie mir Verantwortung auferlegten. Sie sagten, ich könne doch nicht einfach alles im Stich lassen, ohne mich würde es soundso aussehen, etc.

Vermiest hatten die mir das im Krankenhaus, damals in den Dornen. War vielleicht auch gut so...

Ich laß mich nicht mehr in die Tasche packen, will frei sein, auch wenn mich das einsam macht. (Ganz einsam nun auch wieder nicht).

Ich will Julia sein, nicht eins von tausend 'Roboterdamen'. Will ganz anders sein, anders als alle, diese stinklangweilige Welt!

(In dem Punkt kann ich auch die Punker, die sich sonstwie anziehen, aus Protest, verstehen).

Aber wie? Ich muß doch mitschwimmen, werde von allen programmiert, ob ich will oder nicht.

Nur ganz alleine würd's klappen, könnte ich ungestört ich sein; Risiko! (Zu zweit/ dritt würd's wohl auch noch gehen).

Merke schon, ich ziehe mich zurück. - Gefährlich!, aber notwendig, und wenn ich Kraft gesammelt habe, springe ich aus der Höhle heraus.

Klingt ganz logisch: Höhle des Löwen.

Bin nun mal einer!

Du auch! Hast auch Deine Höhle!

Bis zum nächsten Brief!

Ihr Löwentyp!

Ps.: Die angefangene Geschichte schicke ich im nächsten Brief

* * *

18. Juli

Dear Julia-lion-hearted,

Du hast Glück: habe grade im Moment ein neues Buch zusammengefügt, im Computer. Es ist zwar völlig hoffnungslos - Buch über Kanufahrten in Skandinavien, über zwölf Jahre -, doch Bäume sterben aufrecht. Und so habe ich jetzt Zeit, kann Dir aufrecht sofort auf Deinen Brief antworten, der kürzlich grade ankam -.

Weiß nicht, ob das Englische oben richtig ist. Du kannst wahrscheinlich weitaus besser Englisch als ich - doch irgendwie meine ich im Hinterkopf, daß Richard Löwenherz in English Richard-lion-hearted hieß.

Also, Löwentyp - Du bist gut! Aber auch ich bin gut. Ging mir vor einigen Tagen auf, als ich Deinen ersten zornigen Brief bekam, sah: welch eine Wut, welch ein Zorn sich in 'Vierzehn Jahre' verstecken! Ich deshalb gut, weil ich diesen Zorn in

VIERZEHN niedergeschrieben, sichtbar gemacht habe. Vor jetzt genau dreißig Jahren, als Student, zurückblickend auf meine jungen Jahre.

Julia, es stimmt genau, was Du schreibst: wir werden von allen programmiert, sollen wie Roboterdamen oder -herren funktionieren. Wir sollen programmiert werden, damit wir Roboterdämchen oder -männchen sind! Und wenn man das einmal kapiert hat, kann man nur noch um sich wüten, um die letzte Selbstachtung zu retten.

Doch die Betonung liegt auf 'sollen': wir sollen programmiert werden. Bei den meisten funktioniert's, doch nicht bei allen! Und bei denen es nicht funktioniert, die ziehen leicht die Wut, den Haß der anderen auf sich: weil sie durch ihr Nichtfunktionieren das unmenschliche Roboterdasein der meisten entlarven.

Es ist wichtig, daß Du Deine Wut mal rausknallst. Wenn man all diese Zusammenhänge durchschaut hat, dann entsteht unglaubliche Wut. Und Wut ist Energie, die sich im Körper, bis in die kleinsten Muskelfasern, aufstaut! Wenn man diese Wut nicht ab und zu rausläßt, dann 'biegt' man sie um: in Selbst-Aggression, Auto-Aggression, die auf den eigenen Körper zielt. Sie wird zu Unwohlsein - Deine Magenschmerzen! -, zu Krankheiten, im Extrem zur Selbsttötung, offen oder versteckt.

Ich hatte Dir letzte Woche schon gesagt, daß Du vielleicht eine Aggressionshemmung hast, die sich weigert oder es nicht fertig bringt, anderen gegenüber, Wut auszudrücken - anderen, die genau diese Deine Wut gemacht haben. Solche Hemmungen haben viele, ich auch. Doch frau, man muß lernen, ab und zu auch mal die Gefühle rauszufeuern!

Das ist ein ganz teuflisches System, dem wir über die Jahre ausgesetzt werden: wir werden programmiert zu Robotern - und gleichzeitig wird uns dabei eingepflanzt, daß man sich gegen diese Programmierung nicht wehren darf! Das ist ein sich selbst schützendes Programmierungssystem: wenn wir ausscheren, entstehen in uns vielleicht Schuldgefühle, die uns dann sofort wieder auf den rechten Weg zwingen. Das ist ganz irre. Da viele unserer Programmierungen ja schlichtweg falsch sind - nicht alle, aber viele -, werden wir so immer wieder in die falschen Bahnen zurückgezwungen!

Das ist ganz teuflisch: dieses sich selbst schützende System, der 'Bearbeitung', Abschleifung, Erziehung. Es bedarf wirklicher Arbeit, um überhaupt eine Chance zu bekommen, einen gewissen Freiheitsraum sich erobern zu können.

Du bist schon gut am Arbeiten -. Julia-lion-hearted!

Julia, habe nicht gemeint, daß Ihr reich seid - ich habe nur aufgeschrieben, was die anderen wahrscheinlich meinen. Über Häuser, Schulden, Einkommen, Auskommen, weiß ich Bescheid. Ich weiß auch einiges über wirtschaftliche Probleme, vielleicht viel. Wenn bei uns einer ins Haus kommt, meint er auch leicht, wir seien reich - dabei ist das Haus geerbt und ich persönlich weiß nicht, wie ich die nächsten Jahre finanziell überleben soll...

Ich hatte nur geschrieben, was die anderen wahrscheinlich meinen. Man, frau muß ja in die anderen hineinkriechen, in ihr Hirn, wenn man verstehen will, was die wirklich denken! Wir sind alle irgendwie Mittelschicht oder untere Mittelschicht, und genau dies hat uns ja geprägt. Gerade die Aufsteigermentalität der Mittelschicht, die sich von den Nöten der Unterschichten absetzen will! Die Du unglaublich exakt in Deinem Brief beschrieben hast. In unseren 'Aufsteigerschichten' laufen ganz fürchterliche Schleifprogramme, gegen die das Militär gar nichts ist. Manchmal kommt es mir wie ein Wunder vor, daß da überhaupt noch Lebendes hinten rauskommt -.

Aber wir beide leben ja -. Und gar nicht schlecht, bewußtseinsmäßig. Oder, Julia?

Dein

Dieter

* * *

Lieber Leser!

Im Moment sitze ich in der 'Trinkkurhalle', die ein bißchen an ein Mausoleum erinnert, nur weiß und hell ist der Unterschied.

Habe mir ein Glas 'Heilwasser' gekauft.

Biomaris, aus dem Eismeer. - Ekelig! Nun versuche ich, daß salzige Zeug an dumme Leute loszuwerden.

Gesund oder nicht - wer das Zeug trinkt, muß ganz schön blöd sein. - Alles Beschiß, Betrug!

Wohltuend, erfrischend und gesund, hieß es. Die Wirkung ist alles andere. Meerwasser schmeckt besser!

Die Welt besteht doch aus einem einzigen Gefängnis, indem uns Glück vorgegaukelt wird.

Ich glaube, ich wiederhole mich, doch hier springt es einem eben ins Auge.

War nämlich eben im 'Aquarium'. So'n Fisch- und Echsenmuseum. Traurig. Bin so gerührt, von der Grausamkeit, mit denen die Tiere eingesperrt und zur Schau gestellt werden. Stand doch wahrhaftig an einem Schild, welches über den Piranhas hing: Hyänen und Wölfe, Bestien des Meeres! Alles, was sich außer ihnen bewegt, wird getötet und - aus Spaß - zerrissen. - Das finde ich wirklich zu viel! Lügereien!

Im Vogelpark in Niendorf, den ich vor kurzem besuchte, war es zwar nicht soo schlimm, doch es grenzte auch an Quälerei. (Finde ich).

Dort hatte ich allerdings Glück: Zwei Typen fielen mir auf, die, nicht wie alle anderen, lange vor jedem Käfig standen, alles genau beobachteten.

Der eine hatte einen roten Regenparka, Gummistiefel und war außerdem mit Fernrohr und Vogelbuch bewaffnet. Der andere 'nur' mit einem Fotoapparat.

Ich fragte den Rotbejackten, ob er beruflich mit Tieren arbeite, doch er verstand mich nicht, war Schwede! Auf Englisch talkten wir so 'rum, bis jeder seinen Tätigkeiten weiter nachging. (Er war nur Hobbytierfreund, aber ebenso erschüttert über die Zustände des sogenannten Vogelparadieses!).

Beim Malen sprach mich der Typ 'Zwei' an, ob ICH Zoologie studieren würde, weil ich dauernd malen und schreiben würde. So kamen wir ins Gespräch. Er ist ein Tierpfleger im Grömitzer Zoo und will mir seine 'Pflegekinder' (Raubkatzenbabies) zeigen. Wir tauschten noch Adressen aus, der Tag war gelaufen!

Heute war auch ein ziemlicher Supertag, denn ich traf 'alte Bekannte' (zwei Jungen in meinem Alter), die allerdings ab morgen segeln. - Pech!

Sonntag fahre ich - zum Glück - wahrscheinlich schon wieder nach Hause.

Bin auf den Punkt gekommen, daß die Welt/ das Leben ein einziges Gefängnis ist. Ein großes, mit unzähligen kleinen, in sich verschachtelten, die sich bis zuletzt auf das Bescheißen beziehen. Fangen und gefangen sein.

Sogar jeder Versuch, jemanden zu demütigen, zu quälen, aber auch zu beschummeln, entsteht aus der Gefangenschaft. Die Seele ist gefangen, der Körper. Man kann nicht verschwinden, nicht 'mal über den Tod hinaus. Irgendetwas bleibt Bestandtteil der Erde. Nur die Seele kann erlöst, gerettet werden. Aber - schwupp, kommen die Christen (besonders die Katholiken!) und wollen sogar diese Hoffnung zerstören: Fegefeuer, jüngstes Gericht etc...

Wäre dies wirklich so, daß das Innere über den Tod hinaus regiert wird, so wäre das das Schlimmste, was es je für mich gab!

Doch das glaub' ich nicht. Nach dem Tod ist alles aus. Bums, fertig. Aus, vorbei!

Man spürt und sieht nichts, ist FREI.

Leider nur die Seele, der Körper nicht. Nie. Gerade gut!

Ich finde, wer die Bibel geschrieben hat, muß ein ziemlich ironischer Typ gewesen sein.

Auffassung der Menschen: Er (Gott) hat uns einen Platz gegeben, wo wir leben können. - Dankbar für die schöne Welt, dankbar fürs Leben.

Blöd! Meine Auffassung: Bei dem Märchen Adam u. Eva: Der hat die beiden doch bestraft! Eine <u>STRAFE</u>, hier zu leben! Nichts als eine <u>Strafe</u>!

BESCHISS, <u>LÜGE</u>, <u>GEFÄNGNIS</u>!

Stimmt doch!

ICH mach nicht mit! Seh' ich gar nicht ein!

Doch ich kleines Menschlein kann nicht viel anrichten. Sitze ja mitten im Kittchen, zwischen den Lügen, wie all die anderen auch. Doch ich weiß drüber Bescheid. Die meisten Leute, Tiere etc. nicht.

Muß allen gesagt werde. Versteht trotzdem kaum jemand, bin mir da sicher!

Ich will FREI sein, von allem.

Ihre Gefangene!

Ps.: Je mehr ich Dir schreibe, desto bewußter wird mir, weshalb ich damals krank geworden bin.

Und irgendwie bin ich doch zu recht krank geworden.

Man kann ja auch krank werden, bei dieser Welt.

Hab' nun wohl gelernt; und bin dabei zu lernen, ohne Krankheit mit der Scheiße auf der Welt fertigzuwerden.

Muß anders streiken. Wie, weiß ich noch nicht.

Aber daß mir wer zuhört, mich auf meine Gedanken bringt, hilft mir.

Sie haben mir echt geholfen, bis jetzt!

Danke!

2.Ps.: Kraftausdrücke, Fehler und 'Stußschreiberei' möchte ich entschuldigen!

* * *

18. Juli

Hallo, Gedankenleser!

Ich wundere mich gar nicht mehr darüber, daß Du meine Gedanken (vielleicht sogar unterbewußt) weißt. Im letzten Brief haben Deine Zauberkünste der Parapsychologie jedenfalls wieder ins Schwarze getroffen.

Hut ab, lieber Druidentyp!

Da hast'e mir gleich im ersten Absatz bessere Laune gezaubert, obwohl es schlimm ist, dieses Jahr in Timmendorf. (Meine Oma spielt auch eine große Rolle dabei!).

Ein paar kleine Dinge find' ich ja ganz nett, aber meine Stimmung fuscht auch etwas durch die gute Laune, um die ich mich bemühe.

Am Schwimmen hab' ich mich ja versucht, doch beim jetzigen Wetter bringen mich keine zehn Pferde dazu, ins Meer zu steigen! Und das Schwimmbad ist schon seit 3 Jahren außer

Betrieb. - Einzige Möglichkeit: ins Nachbardorf zu radeln/ wandern.

Ja, Sie haben auch den Gedanken erraten, daß ich mich verlieben könnte.

Hab ich mich vielleicht. - Weiß noch nicht so recht über das Gefühl Bescheid. In den Tierpflegertyp aus Grömitz eventuell.

Nein, ich glaube, verliebt kann ich das nicht (noch nicht) nennen. Kommt vielleicht noch. Wer weiß?

Ich hab ja geschrieben, wie ich das Leben finde, und weil ich ja - im Moment jedenfalls - nicht FREI sein kann, muß <u>ich mich selbst bescheißen</u>, mir das Leben schön machen, irgendwie.

(Dazu ist wohl auch Freundschaft, Liebe, Hoffnung, Erfolg ... da).

Das tun unsere Eltern schon, indem sie uns Namen geben. Felix, Julia, Vera, Regina, Klara...

Alles positiv, wie ein Kitschroman.

Stimmt doch nicht, sind Wünsche.

Julia - die Fröhliche/ Glänzende. Würd' ich doch merken! Soll andere Leute auf'n Arm nehmen, damit.

Keiner würde seinen Sohn Infelix oder gar Servus nennen. (Mit Servus ist <u>nicht</u> das Klopapier gemeint)!

Aus dem Leben einen Kitschroman machen, Kinder sollen es besser haben, man steckt Hoffnungen in sie herein. Man/ frau verschweigt denen schon die Wahrheit. Sie sollen nicht wissen, daß alle Sklaven der Menschheit sind!

O.k., stell ich mich dumm. Spiele meine Rolle als eine Julia! Das bin <u>ich</u> wirklich:

(ihr Fingerabdruck aus Tinte auf dem Papier)

       ...ich! Das wahre Ich! Ohne Lügen!

Das mit dem Aufschreiben erzähltest Du mir schon im Krankenhaus. Hab's mal 'mündlich' ausprobiert! Gute Idee! (Hab' noch immer Schwierigkeiten beim Du!)

Ps.: Gefällt die Geschichte Dir?

Bis dann

Dein Gedankenpaket!

Die Geschichte:

Püiiit, püiiit! - Jemand pfeift seinen Hund.
Es ist schon Abend, und nur noch wenige Leute sind am Strand.
"Hasso, komm her!"
Ein mittelgroßer, schwarzer Hund rennt ausgelassen zum Strand bis ans Wasser, springt hinein, heraus, schüttelt sich und läuft übermütig zur alten Holzmole, an der er sein Geäft verrichtet. Schimpfend nähert sich sein Frauchen, die schätzungsweise Mitte Vierzig und voller Make up ist. Sie nimmt den Hund mit einer umständlichen Bewegung an die Leine und zieht ihn zur Promenade zurück.
Den Haufen läßt sie liegen.
Zwei Kinder rennen barfuß am Wasser entlang, spielen packen.
"Iih!" kreischt das eine, etwa neunjährige Mädchen.
"Was iss'n?" will das andere wissen, welches wohl in dem gleichen Alter, aber ein gutes Stück kleiner ist.
" 'ne Qualle!" Das größere zeigt auf eine dicke Qualle mit lila Ringen, welche an den Strand gespült worden ist.

"Was iss'n dabei?" fragt die Kleinere und tritt mit dem Fuß mitten auf das tote Tier, so daß der Gallert zwischen den Zehen hervorquillt. Sie lacht. "Is doch Natur!"

Beide laufen weiter, bis zur Mole.

"Da hat wer hingeschissen!" meint die Kleinere.

"Ooch, das hab' ich auch 'mal!" berichtet die Freundin und wird rot. Sie laufen zu den Dünen, holen sich jeweils ein Stöckchen und beginnen, in dem Kot herumzustochern.

"Weißte was?" meint die Große.

"Nö."

"Wir bauen 'ne Falle!"

Sie flüstert ihrer Freundin etwas ins Ohr, und dann beginnen sie, Sand und ein paar Binsenhalme über den Unrat zu legen. Zuletzt drücken sie das Ganze mit den Händen platt.

"Meinste, da fällt einer drauf rein?"

"Jau!" Die eine wischt sich mit dem Handrücken den Schnodder von der Nase, tippt die Große an und ruft: "Hab' dich, du bist!"

Dann rennen sie weiter.

* * *

19. Juli

Gedankenpaket,

da komm ich nicht mehr mit, Du erschlägst mich! Eben zwei dicke Briefe. Du verwöhnst mich. Der Briefträger guckte schon ganz komisch -.

Ist aber herrlich, von Dir verwöhnt zu werden.

Das ist irgendwie irre: genau die gleichen Gedanken, wie Du sie aufgeschrieben hast, habe ich damals in dem Alter gehabt. Exakt deckungsgleich! Das weiß ich noch genau, habe ich kürzlich noch mal drüber nachgedacht, als ich einen Essay von mir - ziemlich schwierigen, eine Rationalitätstheorie (wie denkt man richtig, falsch, was ist Vernunft, Verstand?) - durchblätterte. Das mit der Religion, dem Christentum, Jenseits, Diesseits etc. Habe auch noch gedacht, daß ich in all den Jahren nicht sehr weit über das damals bereits Erkannte hinausgekommen bin. Das mag betrüblich sein oder auch nicht, zeigt aber vor allem, wie gut, fähig wir in diesen frühen Jahren sind.

Ich weiß nur noch nicht, ob's an den jungen Jahren liegt - jetzt Deine/ damals meine -, daß wir beide so ähnliches denken, gedacht haben, oder ob wir beiden Löwentypen zufällig die gleich krummen Gene, Chromosomen, Erlebnisse, was weiß ich, mitbekommen haben. Ins Leben, ins Hierseinsosein.

Was wäre Dir denn lieber?

Lionhearted, Du verstehst schon fast alles, liegst in den Analysen genau richtig. Auch, daß dies hier wahrscheinlich ein unendlich verschachteltes Gefängnis ist. Nur eins hast Du noch nicht verstanden: daß dies zu erkennen, die unendlich 'entschachtelte' Freiheit ist! Die Fähigkeit, dies durch <u>Denken</u> zu erkennen, ist unendliche Freiheit!

Denken - wenn man sich wirklich drum bemüht - ist grenzenlos, mauerlos: gefängnislos.

Muß mich korrigieren: Du hast es schon seit langem verstanden, nur war es Dir nicht bewußt, als Du die Briefe jetzt, vorgestern, schriebst.

Natürlich bist Du zurecht krank geworden, wie Du schreibst. Oder bist gesund geworden, Löwentyp -. Du hast die Krankheit nur simuliert: um die Krankheiten des Lebens, Deines Lebens, zu (be)denken.

Ich glaube auch nicht, daß Du sterben wolltest. Du wolltest das Leben, die Liebe, den Tod - alles -, exakt durchdenken, mußtest es durchdenken, und bist dabei etwas in die Sucht des Denkens abgeglitten. In die <u>Freiheit</u> des Denkens hinausgeglitten, Julia!

Das war gleich mein Eindruck, als ich im Herbst den ersten Brief von Dir bekam. Die Typin ist nicht krank - die ist gesund!, hab ich vor mich hingedacht...

Muß aufhören, weil wir jetzt einkaufen fahren. Donnerstags ist immer unser Einkaufstag.

Deine Geschichte ist ausgezeichnet, die gefällt mir. Daran brauchst Du nichts mehr zu ändern. Woher hast Du diese kurzen, lakonischen Dialoge? Vom alten Ernest Hemingway -?

Noch ein Gedicht, das ich grade eben rausgesucht hatte, bevor Deine Briefe kamen. Einige Sätze von Dir - die mit dem wann sterben - hatten mich an ein Gedicht von 'Big Benn' erinnert, einen der größten Lyriker deutscher Sprache dieses Jahrhunderts. Nur war der schon an die siebzig, als er es schrieb - nicht 14, wie Du. Juliamädchen, frau darf nicht allen alles sagen: nur denen, die's verstehn. Man, frau kriegt sonst 'n schlechten Ruf -.

Nächste Woche bin ich bei Frau Krämer in der Lit-Woche, kann Dir dann nicht mehr soviel schreiben. Aber lesen kann ich noch -.

Dein
Dieter

WAS SCHLIMM IST

Wenn man kein Englisch kann,
von einem guten englischen Kriminalroman zu hören,
der nicht ins Deutsche übersetzt ist.

Bei Hitze ein Bier sehn,
das man nicht bezahlen kann.

Einen neuen Gedanken haben,
den man nicht in einen Hölderlinvers einwickeln kann,
wie es die Professoren tun.

Nachts auf Reisen Wellen schlagen hören
und sich sagen, daß sie das immer tun.

Sehr schlimm: eingeladen sein,
wenn zu Hause die Räume stiller,
der Café besser
und keine Unterhaltung nötig ist.

Am schlimmsten:
nicht im Sommer sterben,
wenn alles hell ist
und die Erde für Spaten leicht.

1953

(GOTTFRIED BENN, 1886 - 1956)

* * *

Lieber Löwendompteur!

Du konntest mich mal wieder bändigen.

War wohl so wütend, weil ich all meine Wut vor meinem 'Fünfzehnten' herauslassen wollte.

Noch rechtzeitig, damit dieses (komplizierte) Vierzehnkapitel abgeschlossen ist.

Typ, ich hab' Hunger! Unerhörten Hunger (und nicht nur aufs Abendbrot)!

Will was aus dem Leben machen, aus der verdammten Scheiße, in der wir alle stecken!

Will lachen, leben, die Welt in den Mund nehmen.

DIE VIERZEHNER SIND (bald) VORBEI!

Ein neuer Abschnitt beginnt.

Man und frau müssen doch wissen, mit wem sie's zu tun haben, wenn ich aus der Höhle komme.

Muß doch stark und geübt sein, wenn ich was ändern will!

Nun kam eine ganze Welle voller Gefühle auf mich zugeschwappt, was anderen vielleicht portionsweise aufgetischt wird.

Lernte erst gestern nacht wieder etwas Neues kennen, was ein Mann wohl niemals spüren kann:

Es begann damit, daß das dreijährige Kind, dessen Eltern auch in der Pension wohnen, weinend auf dem Flur nach den Eltern suchte.

Ich stand auf, hob es auf den Arm, um es zu ihnen zu bringen. Spürte die feuchten Wangen in meinem Gesicht und auf den Schultern, die kleinen Hände, die fest um meinen Hals geschlungen waren. Fühlte die Wärme des Kindes.

Als ich dann 'ne Stunde später beim Fernsehen war (ich guckte 'Innenleben' von Woody Allen, dessen Filme ich ziemlich gut finde), stellte ich mir vor, wie es wär', ein Kind zu bekommen. (- Weiß selbst nicht, wie ich auf den Gedanken kam). Versuchte, mir vorzustellen, wie ein kleiner Mensch, noch daumengroß, in meinem Bauch, ganz nah am Herzen liegen würde. Bekam Sehnsucht, so was Eigenes auf'm Arm zu tragen und zu spüren, wie ich das Kleine der Gäste gespürt hatte.

Lange hielt diese Sehnsucht allerdings nicht an!

Ist ja auch komisch, mit vierzehn an <u>sowas</u> zu denken!

Ps.: Schon wieder Pech gehabt!

Heute Morgen schickte meine Mutter einen Brief von Fr. Krämer, der eine Einladung an eine Schreibfreizeit enthielt. Hätte gern dran teilgenommen, darf aber nicht, auch wenn ich schon am Sonntag kommen sollte. Muß dann 'arbeiten' - woman's work at home - !

Na, denn, bis zum nächsten Brief!

Ganz liebe Grüße!
Deine Julia

*

20. Juli

Lieber Herr Pflanz!

Zwei Briefe in einem! Bin gestern nicht mehr dazu gekommen, den Brief Nr.1 wegzuschicken.

Erschlagen will ich Dich nicht, aber es ist eine super Idee, den Postboten zu ärgern, da ich sowieso mit denen auf'm Kriegspfad bin (die sind unhöflich und langsam - zu mir). Wirst ja sehen, wie ich das mache...!

Weiß auch nicht recht, wie ich's nennen soll, unsere Gedankengleichheit. Hatte das schon viel früher gemerkt, daß wir so manches gemeinsam hatten, dachte dann aber, das käme, weil Du Dich in mich hineinversetzt hattest, wie das bei uns mit vielen anderen so üblich ist.

Hatte eben noch kein Vertrauen. Nun hab' ich welches, der Verdacht hat sich bestätigt!

Glaube, wir sind in der gleichen Gruppe all der Typen auf der Welt. Manche sagen 'verwandte Seele' dazu, doch ich benutze das Wort nicht so gerne.

Aber ich fänd's nicht gut, wenn's am Alter liegen würde.

Die wahren Gedanken sind alterslos - meine Meinung!

Sonst könnte man/ frau sich nicht mit Kindern unterhalten (die wollen meistens, daß normal mit ihnen geredet wird).

OK, die verstehen vieles noch nicht, aber das wär ja auch was, wenn!

Zur Geschichte:

Vom Hemingway hab' ich nichts. - Den kenn ich kaum.

Etwas hat mich - das hast Du sicher bemerkt - nach der Umgangssprache schreiben lassen.

Durch 'Vierzehn' hab ich mich erst 'getraut', kräftige Umgangssprache zu schreiben, da es einem in der Schule abgewöhnt wird.

Big Benn, den kannte ich noch weniger.

Ist das der Typ, nach dem in London irgendsowas benannt worden ist?

So, das war's!

Viel Spaß bei der Lit-Woche! Viele Grüße an Frau Krämer!

Deine - im Moment zufriedenere – Julia

* * *

114

(Ansichtskarte vom überfüllten Strandleben)

20. Juli

Lieber vom Postboten komisch Beguckter!

Diese wunderschöne, romantische Karte schicke ich Dir, weil sie genau das aussagt, was ich hier sehe...

Wenn Du auf der Lit-Woche bist, wird der liebe Postbote leider auch keine Ruhe finden, es spornt mich gerade an zu schreiben, wenn die Postboten komisch gucken.

Schöne Grüße, auch an Sie, lieber Postbote,

Deine Julia

* * *

22. Juli

Dear She-lion-heartige,

Deine schönen beiden Briefe und die Karte für den Postboten erhalten. Mein Briefträger ist aber richtig nett: das ist ein Landbriefträger, der auch Briefe, Pakete mitnimmt und Briefmarken verkauft (beim Jugendhof beginnt: "auf'm Lande"). Mit ihm check ich ab und zu immer mal wieder die ganze Welt ab: Politik, Einkommen, Auskommen, Teuerungen etc. Wenn man die Probleme anspricht, die uns kleinen Leute bedrücken, dann sind die Menschen fast alle nett. Das ist meine Erfahrung. Kann ich mir gar nicht vorstellen, daß die Postboten Dir nicht wohlwollen sollten. Vielleicht sind sie Dir gegenüber nur etwas verlegen, befangen: weil Du ein so schönes junges Mädchen bist -. Typ! (Frau, man muß immer bemüht sein, Reaktionen richtig zu interpretieren).

Langsam glaub ich's auch, daß wir irgendwie 'seelenver-
wandt' sind (ist aber wirklich kein gutes Wort. Beim alten
Goethen gibt's 'Wahlverwandtschaften' - wie wär es damit?).
Deine Überlegung, daß 'die wahren Gedanken alterslos' sind,
gefällt mir, sogar sehr. Auch der Beweis, daß ein Erwachsener
sich sonst nicht mit Kindern unterhalten könne, gefällt mir.
Hatte ich so noch nie drüber nachgedacht - muß ich noch tun.

Dein Erlebnis mit dem kleinen Kind auf dem Flur kann ich
gut nachvollziehen. Ich bin in meinem Leben mit sehr vielen
kleinen, auch winzig kleinen, Kindern umgegangen - in der
Beziehung bin ich ein völlig untypischer Mann. Hab auch von
Kindern unendlich viel gelernt! Vielleicht das Wichtigste im
Leben. Kleine Kinder leben noch, während die meisten Erwachsenen absterben: mit achtzehn, Anfang zwanzig sind die
meistens tot.

Lebendig/tot - ich erwähnte Thomas gegenüber mal kurz,
daß Du Lion-hearted-type so'n herrlich lebendiges Hirn hast,
drauf er: "Wart mal, bis die achtzehn ist -. Die ist jetzt vierzehn! Die gehn später alle den Bach runter -!"

Lion-heartige, daß Du mir später ja nicht den Bach runter-
gehst! In irgendeine Klärgrube, Aufbereitungsanlage.

Das mit dem kleinen Kind konnte ich gut nachvollziehen.
Das mit dem winzigkleinen da in Deinem Bauch nicht so ganz -
dazu reicht's bei mir als Mann noch nicht. Doch als Schriftsteller, als 'Einspielung' oben übers Hirn, kann ich mich schon
hineinversetzen (zumal mich wohl die Gedanken-, Gefühls'gän-
ge' von Frauen ein Leben lang beschäftigt haben. Habe viele
Texte mit weiblichen Helden geschrieben). Das muß ein wirklich existentielles Erlebnis für eine Frau sein, ein Kind zu bekommen. Über Monate zu spüren, zu 'fühlen', wie es kommt!

Aber schon mit vierzehn Sehnsucht in diese Richtung zu
entwickeln, ist ja wirklich "auch komisch", wie Du schreibst -.
Damit sollte frau sich wohl genügend Zeit lassen: wenn sie ab

achtundzwanzig, dreißig Kinder kriegt, ist es früh genug. Ein reiferes Alter ist auch wichtig für die Kinder selbst: es gibt nichts Schlimmeres, als wenn die Mütter zu jung, noch infantil sind. - Auch in der Liebe selbst gibt es unendlich viel zu entdecken, zu erforschen - nicht nur das tatsächliche Kinderkriegen. Zehn, fünfzehn Jahre sollte man, frau sich dafür wohl an Wolfzeit, Löwenzeit geben. Vielleicht nicht unbedingt als wild streunende Katerzeit, lonely wolfe-, lions-zeit, aber doch als Jahre, wo man auf dieser neuen 'Welt' mal richtig rumkaut. Sie anrempeln geht!

Doch ich verderb Dich noch -. Merke, Julia, wisse immer: ich bin ein völlig hoffnungsloser Typ, der nirgendwo recht hat! Ohne Legitimation durch die Gesellschaft. Nimm mich niemals ernst, grins drüber: nimm's nur als Spielmaterial ins Gehirn.

Nein, nach dem 'Big Benn' ist nicht der Turm da in London benannt - sondern umgekehrt: der Benn ist im Namen als Ehrenbezeichnung dort angelehnt worden (vielleicht nur von mir -). 'Big Ben' ist der Turm auf dem englischen Parlamentsgebäude und das berühmte Glockenspiel, das über London klingt. Der Gottfried Benn ist als Lyriker einer meiner Hausheiligen, um seine Größe herauszustreichen, mache ich nur oft dieses Wortspiel (er wird mit zwei 'n' geschrieben). - Mal sehen, ob ich noch ein Gedicht von ihm im Computer habe. Für Dich, Lionheartige! (Der Benn war auch ein ausgesprochener Löwen-, Panthertyp. Irgendwo schreibt er mal, sinngemäß: 'Denken ist nicht das, was die Leute sich drunter vorstellen - das ist ein Tigersprung, ein Pantherbiß!')

Dein
Dieter

SPÄT IM JAHRE -

Spät im Jahre, tief im Schweigen
dem, der ganz sich selbst gehört,
werden Blicke niedersteigen,
neue Blicke, unzerstört.

Keiner trug an deinen Losen,
keiner frug, ob es gerät -
Saum von Wunden, Saum von Rosen -
weite Blicke, sommerspät.

Dich verstreut und dich gebunden,
dich verhüllt und dich entblößt -
Saum von Rosen, Saum von Wunden -
letzte Blicke, selbsterlöst.

(1936)

(GOTTFRIED BENN, 1886 - 1956)

* * *

23. Juli

Lieber Herr Pflanz!

Vielen Dank für den Brief, den ich - leider - noch nicht gelesen
habe, denn ich überwand meinen Schweinehund und bin doch
noch hier geblieben.

    Glück für mich: Ich habe einen Brieffreund gefunden, mit
dem ich seine Freunde - die Welt - anremple. Endlich mal! Und

mit sechzehn und siebzehn Jahren sind die wesentlich reifer als meine Klassenkameraden.

Nun hab' ich allerdings manchmal zu viel um die Ohren, denn wenn ich 'mal eine Stunde alleine bin (wenn die Jungen 'was mit ihren Eltern unternehmen), stehen die Pensionskinder hinter mir und beanspruchen mich. Langsam nervt's!

Bist Du also auch aus Deiner Höhle gekrochen, sitzt nun inmitten vieler Leute (Lit-Woche)?

Mußtest Du auch erst Deinen Schweinehund dazu überwinden?

Habe neulich nachts von Dir geträumt, oder glaubte es zumindest:

Wir saßen in einem römischen Ruderboot; ich links, Du rechts (glaube ich jedenfalls, denn ich sah uns nur von hinten), und mußten rudern. Ganz duster war es dort unten, stickig, und ich hatte Schwielen an den Händen, wegen der schweren Arbeit.

Dann wurdest Du geschlagen, mit einer Peitsche, und ich spürte die Schmerzen auf meinem Rücken.

Als ich danach ausgepeitscht wurde, zucktest Du zusammen, ich spürte kaum etwas.

Ich weiß nicht, was das bedeuten soll, bin kein Traumdeuter. Weißt Du's?

Ich habe Angst, die mit jedem Tag größer wird:

Angst vor der Schule.

Alles rollt wieder auf mich zu: keine Freunde, Kampf, Stress... Muß auf die Zähne beißen, mich durchboxen.

(Da sitzt mein Löwenherz in der Hose!).

Vielleicht geht's mit 15 besser? - Hoffentlich!

Muß nun Schluß machen, sonst geht die Post ab, ohne diesen Brief!

Tschüß
Ihre Julia

* * *

24. Juli
Lieber Herr Pflanz!

Nun habe ich Deinen Brief bekommen.

Sie dürfen nicht von mir denken, daß ich nun schon Kinder haben will, nur irgendwann vielleicht mal, früher wollte ich das nämlich gar nicht!

Stimmt, nun sind die Wölfe los. Der Löwe ist unter die Wölfe gegangen!

Hatte mich gestern abend verabredet, waren vier Mann/ Frau. Dann sprachen wir einfach nettaussehende Jugendliche an, bis wir innerhalb von einer Stunde dreizehn Leute waren. Wir verarschten zuerst die Fußgänger in der Straße. Hatte die besten Einfälle. Ich verlor nämlich meine Kontaktlinsen (die ich nicht habe) und suchte, alle halfen mit, bis alle Fußgänger zu suchen anfingen, die uns entgegenkamen! Als wir dann meinten, die fänden wir nicht mehr und uns lachend verdrückten, suchten diese Spaziergänger immer noch. Dann stürmten wir die Pizzeria und einige Musickneipen, bis ich denn nach Hause gebracht wurde. Heute wollen wir 'ne Strandfete machen.

Brauche komischerweise keinen Schweinehund zu überwinden, freue mich drauf. Welt anrempeln macht Spaß, und bei diesen (15 - 21jährigen) werde ich wenigstens akzeptiert! Darf meine Meinung sagen, ohne 'was einzustecken. (Bin aber lieber still, in den meisten Sachen, könnte Ärger geben).

Der Postbote von uns ist auch ganz nett, aber die Postbeamten bei uns mögen mich nicht/ mag ich nicht. Kann ich nicht alle aufschreiben, die Stories mit den Postbeamten. Ich einige mich mit Dir: Post<u>boten</u>, ok, Postbeamte, nee!

Ich glaube nicht, daß ich den Bach 'runter komme. Höchstens mit'm Kanu!

Aber ich denke nicht zu intensiv über die Zukunft nach, was aus einem wird, kann man nicht planen, auch, wenn man's/ frau's gerne in den Roboter einprogrammieren will.

Ich will mich nicht programmieren, auch nicht von Negativem! Was man bei mir zu denken glaubt, oder programmieren will, möchte ich extra falsch, das Gegenteil machen. Ich laß mich nicht unterkriegen, im Moment. Auch wenn ich vor vielem Angst habe, mich vieles fertigmachen will.

Übrigens, wenn wir so ähnlich sind und Du sagst, ich soll Dich nicht ernst nehmen, obwohl ich das Gleiche (fast das Gleiche) denke, wegen der Ähnlichkeit, wo käme ich dann hin? (Würde mich selbst nicht mehr ernst nehmen!)

Da fällt mir was ein:

Wo kämen wir hin,
wenn jeder sagen würde:
wo kämen wir hin?

Und keiner käme,

um zu schauen,

wenn wir gingen!

(nicht von mir)

Liebe Grüße

Deine Julia

* * *

25. Juli

Liebe Julia,

bin schon wieder zurück aus der Lit-Woche. Hatte dort nur einen Tag zu tun, und der war gestern. Ich habe aus VIERZEHN gelesen, die Geschichte mit dem amerikanischen Flieger, der da im Teich in Uffeln ertrunken ist, und aus MICHA (beim Spülen und Abtrocknen in der Küche). Weiß nicht, wie's ankam. Jungen Leuten kann man die Kriegszeit nur noch schwer verständlich machen.

Da sind sehr nette Jugendliche auf der Woche - die hätten Dir auch gefallen! Richtig gute Typen, lauter kleine Schreibprofis. Vor allem auch die aus dem Osten. Schade, daß Du nicht dabei sein konntest: hättest da vielleicht schöne Freundschaften nach 'drüben' schließen können. (Das Kreative Schreiben ist in der Ex-DDR unter jungen Menschen viel verbreiterter als bei uns. Wird dort auch viel mehr gefördert, in den Gemeinden, Schulen).

Auch die beiden Leiterinnen, die mitgekommen sind, sehr nett. Die aus Dessau ist eine junge Lehrerin, die vor zwei Jahren grade erst Examen gemacht hat, die andere ist aus Leipzig, eine Schriftstellerin, schon ein bißchen älter. Sie hat zwei Töchter, von 15, 13 Jahren, schreibt Gedichte und andere Texte für Erwachsene und betreut Schreibgruppen von Kindern, Jugendlichen, aber auch Erwachsenen. Mit der Betreuung der Schreibgruppen verdient sie ihr Geld. Wie man das so machen muß als Schreiber -. Mit der Frau Möbius bin ich nachmittags noch auf den Feldern auf der Steinegge hinten bei Frau Krämer lange spazieren gegangen: es passiert mir ja nicht oft, daß ich auf einen richtigen Schriftsteller treffe, nicht 'nur' Kinderbuchautor. Wir haben uns gut unterhalten - haben unsere verschiedenen Erfahrungshorizonte ausgetauscht, hier BRD, da Ex-DDR.

Hab gestern sogar überlegt, ob ich nicht noch länger in der Gruppe bleiben sollte -. Das geht mir meistens so: zuerst muß ich mich zwingen, aus meiner Höhle rauszukriechen - und dann bin ich sehr angetan, will gar nicht wieder zurück. Wie's der Bonnemeierin auch immer geht!

Ist prima, daß Du da mit der Clique rumstreunen gehst. So werden's wirklich noch Ferien. Du solltest aber immer ruhig mitreden, mitschreien. Du mußt denen doch nicht auf die Nase binden, daß Du erst vierzehn bist. Du hast das Gehirn mindestens einer Zwanzigjährigen. Sag, Du bist siebzehn. Oder mach's in ironischen Umschreibungen: "bin schon uralt, fühl mich richtig verlebt -".

Deine Angst vor der Schule verstehe ich langsam nicht mehr. Juliakind, Du geilst Dich da doch auf - um's mal salopp zu sagen. Über dieses 'Kämpfenmüssen', 'Stress', 'Zähnezusammenbeißen' war ich schon in Deinem Osternbrief gestolpert, den ich so lange nicht beantwortet hatte. Wer immer an 'Kampf' denkt, baut sich Raster im Gehirn auf: kann nur noch Böses erkennen und Verteidigung auf dieses Böse. Wegen dieser Kampferwartung verkrampft er auch: blockiert sich so selbst: er tut also selbst seinen Teil dazu, daß er einen Kampf - wenn's mal dazu kommen sollte - verliert.

Um es mal provozierend zu sagen: Der wirklich Ängstliche ist <u>süchtig</u> nach den Körpersymptomen der Angst. Das Körpergefühl der Angst gibt ihm Befriedigung. Er geilt sich also irgendwie auf - wie man sich auch anders aufgeilen kann: mit Kaufräuschen, Eßräuschen, Sexualität etc.

Nur bist Du, Julia, von Deinen Denkhaltungen, Körperhaltungen her absolut kein ängstlicher Mensch. Ich habe in meinem Leben sehr viele ängstliche Menschen kennengelernt - Du gehörst nicht zu dieser Sorte! Und das schreibe ich mit meiner vollen Überzeugung. Ich hatte schon mal Deine offene Schulterhaltung angesprochen: die ganz markant ist, völlig ungewöhnlich. - Du redest Dir mit den angeblichen Ängsten da etwas ein. Oder Dir wird etwas eingeredet.

Könnte bei Euch in der Familie vielleicht eine 'Familienkultur' herrschen, die unentwegt sagt 'Leben ist Kampf'? Ich weiß es nicht. Aber diese Haltung ist weit verbreitet, grade im Wirtschaftsleben, Berufsleben.

Es gibt objektiv nichts, wovor Du Angst haben müßtest - bei Deinem Fundus, geistigen, seelischen, immateriellen und materiellen, aus dem heraus Du agieren, 'arbeiten' kannst! -

Julia, Du sollst mich schon ernst nehmen, in dem, was ich sage, schreibe - doch nicht so ganz blind ernst. Jeder Mensch kann irren, völlig falsch liegen. Du sollst mich deshalb ständig kontrollieren: immer noch mal nachdenken, ob's wirklich richtig ist! 'ne Abhängige will ich nich' -.

Weil noch Platz ist:

NUR ZWEI DINGE

Durch so viel Formen geschritten,
durch Ich und Wir und Du,
doch alles blieb erlitten
durch die ewige Frage: wozu?

Das ist eine Kinderfrage.
Dir wurde erst spät bewußt,
es gibt nur eines: ertrage
ob Sinn, ob Sucht, ob Sage -
dein fernbestimmtes: Du mußt.

Ob Rosen, ob Schnee, ob Meere,
was alles erblühte, verblich,
es gibt nur zwei Dinge: die Leere
und das gezeichnete Ich.

1953

(GOTTFRIED BENN, 1886 - 1956)

Liebe Grüße
Dein Dieter

* * *

Lieber Elternschreck!

Aaah - endlich wieder zu Hause!

Mein Zimmer, Schreibtisch, Garten, Tiere, saubere Wäsche, von der kaputten Schreibmaschine ganz zu schweigen.

Elternschreck deshalb, weil meine Mutter sich neulich so erschrocken hatte, als Du und nicht der erwartete Anrufer an der Strippe war. (Erzählte sie mir).

Liege im Moment auf'm Fußboden, schreibe, entspanne mich.

Du hast recht!

Genau das gleiche sagt mein Vater auch immer: Ich baue mir 'Berge' auf, die ich überwinden muß und die's gar nicht gibt. Kurz gesagt: meine aufgegeilte Schulangst.

Doch ich fühle mich wohl im Moment, zu wohl, um vor irgendeiner Sache, ob Schule oder Schüler, Angst zu haben.

Die letzte Woche mit 14 beginnt, und ich hab's wieder gepackt! Nun ja, ob Du Dich über ein weiteres Jahr auf'm Buckel freust, ist eine andere Sache...

Ist Dein Sohn auch ein Löwentyp?

Das Bißchen, was Du mir von ihm geschrieben hast, klingt verdächtig nach 'Löwe'. Hat das ausgesprochen, wovor ich Angst habe: so wie die anderen zu werden, abzusterben.

Unnötige Angst, 'mal wieder! Werde ja merken, wenn ich am Verkümmern bin, spätestens durch einen Warnbrief (oder - satz) von Dir. - Doch gaanz verlassen tue ich mich auf keinen, noch nicht mal auf Dich, keine Bange, bin nicht abhängig. Erzähle nur gerne 'mal meine Gedanken u. Gefühle, die sonst absterben würden. Platz in mir schaffen.

Und ich schreibe gerade Dir, wegen der Sache mit dem Vertrauen.

Hoffentlich falle ich Dir nicht auf den Wecker damit!

So, da habe ich doch noch 'was geschrieben, heute morgen, als Abschied vom Strand (die Geschichte von neulich ist auf dem besten Wege, fertig zu werden).

(Soll auch ironisch/ traurig sein.
(War das Froschgedicht auch. Für mich ist's traurig.))

Recycling am Strand
Tosende Wellen,
Menschen dicht aneinandergedrängt,
Sardinengleich am Strand.
Wespen an den Mülleimern;
Dunkelbraune Wespentaillen umsurrt von muskulösen Abenteurern.
Das Abenteuer: die gestrandeten
Umhüllungen menschlichen Glücks Nahrung
In die Sandbäckerei kindlicher Kreativität einzubacken.
Recycling - bis zum kommenden Abend.
Kleine Musikapparate erklingen
In der Menschenmasse,
An den Kiosken erklingt der Chor
Der vom Durst überwältigten des männlichen Geschlechts.
Strandleben - Recycling für alle.
27. Juli

Liebe Grüße,
Deine Julia

Ps: Die Geschichte vom Ausreißer, der mit seiner Familie in Konflikten steht, habe ich verklüngelt.

Könntest Du sie mir 'mal abschreiben?

Auch bin ich auf die eigenen Briefe, die ich Dir geschrieben habe, neugierig.

Wann haste 'mal wieder Zeit?

2. Ps: Kannst den Brief vergessen, steht nur blödes Zeug drin. Kein Wunder, um Mitternacht auf Fußboden!

* * *

31. Juli

Dear bodenharter Lie-lion,

oder heißt 'lie' lügen? Ich mein natürlich 'liegen'. Irgendwas ist mit diesen beiden englischen Verben - hab ich noch im Hirn, nur nicht mehr das Richtige.

Du hast recht: auch Thomas ist Löwe - aber just in the beginning: am 23. Juli. Er hatte letzte Woche grade Geburtstag. Und dieser Löwe hat über Dich gesagt, sonst noch: Du solltest unbedingt in diesen Naturschutzjugend-Verein eintreten, wo ich Dir das Heft schon von gegeben habe. Den Namen weiß ich nicht mehr exakt. Das sei ein unglaublich intelligenter Haufen, von einem geistigen Niveau, wie man es sonst kaum finde (vom Punker, Grünen bis zu Arzt- und Professorenkindern sei da alles drin vertreten). Ein richtig schön aufmüpfiger Haufen. Der nächste Ortsverband sei in Bielefeld. Das Schönste bei denen seien aber die Wochenendseminare und -exkursionen, alle paar Wochen, Monate - deshalb sei das auch etwas für Leute vom Dorf! Also auch für Dich.

Übrigens war Thomas damals durch die Wilma an diesen Verein geraten. Frag sie mal - die kann Dir bestimmt Näheres

128

drüber erzählen. Und wird Dir bestimmt auch weiterhelfen. Als Deine Klassenlehrerin -.

Eine Geschichte vom Ausreißer, der mit seiner Familie in Konflikten steht, habe ich von Dir nicht bekommen. Oder ich müßte ein Hirn wie'n Sieb haben -. Such mal weiter bei Dir im Müll.

Dein Gedicht ist aber Klasse:

RECYCLING AM STRAND

Tosende Wellen,
Menschen dicht aneinandergedrängt,
Sardinengleich am Strand.
Wespen an den Mülleimern,
Dunkelbraune Wespentaillen umsurrt von muskulösen Aben-
teurern.
Das Abenteuer: die gestrandeten
Umhüllungen menschlichen Glücks Nahrung
In die Sandbäckerei kindlicher Kreativität einzubacken.
Recycling - bis zum kommenden Abend.
Kleine Musikapparate erklingen
In der Menschenmasse,
An den Kiosken erklingt der Chor
Des vom Durst überwältigten des männlichen Geschlechts.
Strandleben - Recycling für alle.

Das Gedicht ist gut, gefällt mir. Solltest Du nur noch mal durchgehen, verkürzen. Da kann man einige Wörter einfach rausstreichen, wodurch die Aussagen noch mehr verknappt, härter werden

Deine schönen Briefe schreib ich demnächst mal ab - in den Computer.

Zeit für Dich habe ich immer - bin jeden Nachmittag hier. Bis ca. 16 Uhr sind wir meistens unterwegs. Oder hast Du auch Lust, mal mit meiner Frau und mir hinten im Lipp'schen mit rumzulaufen? Donnerstag hat meine Frau Unterricht, dann geh ich auf der Odenegge mit dem Hund laufen.

Wenn wir noch nach Minden wollen, müssen wir das auch bald tun - weil der Löwe da Ende nächster Woche erst mal nach Lappland abhaut.

Hatte Dein Bruder in den letzten Tagen irgendeine Fete? Unten an der alten Brauerei hing ein Wegweisplakat eines Hendrik: zu Euerm Berg hoch.

* * *

1. August

Lieber Löwe (Löwenpapa)!

Auf was willst Du mit 'lie' = lügen anspielen?!?

Komisch, daß das Sternzeichen zu unserem Charakter paßt; Zufall, aber ein sehr gekonnter! - Möchte auf keinen Fall 'Schütze', 'Waage', 'Skorpion' oder 'Zwilling' sein!

In dem Chinesischen bin ich, Du & Co Kaninchen.

Weniger passend!

Die Idee mit dem Naturschutzverein ist prima, werde die Wilma so bald wie möglich drauf ansprechen.

Wir haben nun einen neuen Klassenlehrer: Herr Schafmeister. Vielleicht kennste den noch (ein ganz alter Hase)?

Mein Bruder konnte in der letzten Zeit nicht 'feten', war höchstens mal am Wochenende zu Hause, todmüde, kaputt. Bundeswehr, Sani ... macht ihm zwar Spaß, doch der hält sich in Grenzen.

Jau, Lust zum Laufen hab' ich, möchte aber nicht auf den Wecker fallen!

War sowieso mit dem Satz unzufrieden, 'wann Du wieder Zeit hättest', denn das verpflichtet Dich so sehr.

Andererseits ist's spontan besser, als um den langen, heißen Brei reden. Du weißt bescheid, ich weiß bescheid - gut so! (Auch so'ne Sache, die mich aufregt: Die meisten Typen/innen meinen, wenn sie beschenkt werden, das sei absolut nicht nötig gewesen, hätte nicht sein gemußt etc., wären aber beleidigt, wenn nichts geschenkt würde; auch bemerkt?).

Kam grade so drauf, tut nichts weiter zur Sache...

Zum Gedicht:

1) Hast was falsch gelesen, es heißt:

Der vom Durst Überwältigten des männlichen Geschlechts. - Mehrzahl.

2) Gibt's nicht!

Mir ist nun 'ne Idee zur Geschichte vom Lehrer (hab' von erzählt) gekommen: wird eine Liebesgeschichte, das Gegenteil von 'Probeläufe'. Ein Lehrer entdeckt seine Freiheit, Eigenständigkeit durch ein Verhältnis zu einer Schülerin und findet zum Schluß doch zu seiner alten Freundin zurück.

Will aber diesmal durchhalten, soll ein Buch werden!

Wenn ich's mir so überlege, finde ich Deinen Beruf gar nicht so schlecht (hab ich auch noch nie), vielleicht werd' ich auch mal so was, doch erst werde ich (so denk' ich jedenfalls heute) Zoologe, Verhaltensforscher o.ä. studieren.

Gut, dann ruf' ich bald mal an!

Muß aufhören, in die Stadt.

Demnächst zeige ich Dir noch mal das Gedicht, die jetzigen Verbesserungen gefielen mir noch nicht recht.

Cheerio, yours Julia

* * *

2. August

Liebe Julia,

mit diesem Tag hast Du es geschafft: endlich nicht mehr Vierzehn! Das verrückte Jahr ist zu Ende - und jetzt geht's los! So ganz richtig, ladylike: Julia, a lions-hearted ladylike Typ!!!

Ich hatte überlegt, was ich Dir zum fünfzehnten Geburtstag schenken könnte, hatte in meiner Erinnerung gekramt und wollte Dir 'Clemens Brentanos Frühlingskranz' schenken. Das war, ist eines der Bücher, die mir vom Studium her noch im Gehirn - aber vor allem Gefühl - hängen geblieben sind. Ein Buch aus lauter Briefen, an die zweihundert Jahre alt, unglaublich jung! Es ist ein Briefwechsel der Romantik, dieser literaturgeschichtlichen Zeit nach der Klassik, nach Goethen und Schiller, zwischen Clemens Brentano und seiner Schwester Bettina, der späteren Bettina von Arnim. Clemens war damals etwa neunzehn, zwanzig, die Bettina sechzehn, siebzehn Jahre alt.

Die Bettine war eine der irresten Frauengestalten der deutschen Literatur. Schriftstellerin von Graden, eine der ersten Feministinnen, später Betreiberin eines der berühmtesten literarischen Salons in Berlin. - Inzwischen hat sie es bei uns sogar zu einem Geldschein gebracht. Ist ihr Kopf auf einem Schein.

Aber nur Fünf-Mark-Schein...

Die hätte auf den Zehntausender gehört! Als junges Mädchen war die unglaublich. Die lag meistens unterm Tisch, träumte, schrieb - und später im Alter, als Mutter von zig Kindern, da träumte sie immer noch. Und schrieb auch noch. So gute Briefe, daß der preußische Geheimdienstchef alle ihre Briefe abfangen und sich erst mal von seinem Sekretär vorlesen ließ: als morgendliches Vergnügen seines Dienstalltags! Danach wurden die Briefe wieder zugeklebt und an den Empfänger weitergeleitet. Und dieser Minister, Geheimdienstchef hat stets seine schützende Hand über die Bettine gehalten, wenn sie mal wieder zu aufmüpfige Gedanken geäußert hatte.

Diese Geschichte habe ich von der Christa Kozik, einer Ostberliner Kinderbuchautorin und Filmemacherin. Das Haus der Bettine ist heute ein Schriftstellerheim, wo Autoren Arbeitsstipendien verleben können. Wohin sie sich zurückziehen können, wenn sie mal ungestört arbeiten wollen. Bisher war's wenigstens so - inzwischen wird wohl schon der alte West-Besitzer auf der Matte stehen und das Haus zurückhaben wollen.

So weit, so gut. Dieses Buch wollte ich Dir schenken - und da ging mir plötzlich auf, daß wir beide auch schon einen Briefband gebastelt haben: der mindestens fast so gut ist wie der 'Frühlingskranz'. Nur kennst Du ihn allein in Auszügen: weil Du Deine eigenen Briefe nicht mehr kennst!

Also habe ich Dir Dein unsriges Buch abgeschrieben. Da mir die Idee dazu aber erst vorgestern gekommen war, ist es noch nicht fertig - Du wirst also Dein Geburtstagsgeschenk in Raten bekommen. Raten sind ja was Schönes. Ein bißchen dürfte das Abschreiben noch dauern.

Wenn in unserem Briefwechsel auch ein Geheimdienstchef stecken sollte, dann wird er sich Deine Briefe ebenfalls von seinem Sekretär vorlesen lassen -. Da bin ich ganz sicher.

Erst jetzt beim Abschreiben habe ich, glaube ich, all die Feinheiten Deiner Gedankenverästelungen richtig verstanden. Das ist schon enorm, welche Denksternschnuppenbahnen Du manchmal in einem einzigen Satz unterbringst. Sag, es sei Lüge, daß Du erst 14 seist!

Eigentlich sollte man immer die Briefe des andern noch einmal selbst abschreiben.

Heb die Briefe auf, für später - wenn wir mal dot sind. Schließ sie in den Panzerschrank. Für Deine Kinder und Kindeskinder, andere Nachwelten. Du bist schon gut, She-lionheartige!

Wir könnten die Briefe vielleicht nennen: ICH AN DU. Was hältst Du davon? Nicht DU AN MICH oder ICH AN DICH, sondern ICH AN DU. Das ist sprachlich ein wenig verfremdet, trifft aber gut, glaube ich.

Oder Du übersetzt die Schriebe ins Englische - und dann veröffentlichen wir sie anonym hinten in America. Dann fühlen sie sich nicht so einsam, wie hinter der dicken Panzerschranktür.

Dein
Dieter

Ende

Anmerkungen: Die Briefe sind so wiedergegeben, wie sie geschrieben wurden. In Julias Briefen nachträglich häufiger Kommas gesetzt um des besseren Lesens willen. Einige wenige Wörter, die zu persönlich waren, wurden gestrichen.